_____ 드림

나만 나처럼 살 수 있다

나만 나처럼 살 수 있다

초판 1쇄 2016년 1월 15일
초판 2쇄 2016년 10월 20일

지은이 이요셉 · 김채송화
펴낸이 김광열
펴낸곳 (주)스타리치북스

출판책임 이혜숙
책임편집 한수지
출판진행 안미성
일러스트 이종관
표지캘리 조성윤
편집교정 송경희 · 이주선
본문편집 권대홍 · 조인경
경영지원 공잔듸 · 권다혜 · 김문숙 · 김인호 · 김지혜 · 김진영 · 김충모
문성연 · 박지희 · 백재희 · 신자은 · 왕희영 · 유다윤 · 이광수
이지혜 · 정은희 · 정종국 · 한정록 · 황경옥 · 허태연

등록 2013년 6월 12일 제2013-000172호
주소 서울시 강남구 강남대로62길 3 한진빌딩 3~8층
전화 02-2051-8477

스타리치북스 페이스북   www.facebook.com/starrichbooks
스타리치북스 블로그   blog.naver.com/books_han
스타리치 잉글리시   www.starrichenglish.co.kr
스타리치몰   www.starrichmall.co.kr
홈페이지   www.starrich.co.kr
스타리치 기업가정신   www.ceospirit.co.kr

값 18,000원
ISBN 979-11-85982-15-1   13190

나만 나처럼 살 수 있다

| 이요셉 · 김채송화 지음 |

| 머리말 |

어느 날 수심이 가득한 한 엄마가 찾아왔다.
"소장님, 저는 고등학생 두 딸을 가진 엄마예요.
그리고 시간이 얼마 남지 않은 폐암 말기 환자고요.
두 딸에게 무엇을 남겨야 할지 모르겠어요.
대학 들어갈 때까지만 살 수 있다면 좋을 텐데……."

내가 도와줄 수 있는 것은 아무것도 없었다.
그냥 같이 웃어주고 같이 울어주고 같이 실컷 소리 질러줄 뿐.
'다시 볼 수 있으려나.' 안타까운 마음으로 헤어졌다.
반갑게도 일주일 뒤에 환한 얼굴로 그분이 다시 찾아왔다.
"소장님, 답을 알았어요."
"답이오?"

"제가 고3, 고2 딸에게 남겨줘야 할 것이 무엇인지 알았다고요."
"그래요? 답이 뭔데요?"
"제가 최고로 행복하게 웃으며 사는 모습이오.
그것을 남겨주고 갈 거예요.
그러면 아이들이 힘들 때마다 엄마를 기억하겠지요.
'엄마도 힘들 때 즐기셨지. 그래, 웃어버리자!'
소장님, 이게 제가 남겨줄 최고의 유산인 것 같아요."

맞다.
하버드대학에서 성공한 사람을 대상으로 그 원인을 조사했다.
'빽'도 아니고, 학벌도 아니고, 가진 것도 아니었다.
그들의 공통된 특징은 힘들 때 다시 일어설 수 있는 힘.
긍정 지수, 유쾌 지수, 웃음 지수였다.

그렇다.
눈에 보이는 것보다 더 큰 힘을 발휘하는 것은 눈에 보이지 않는 힘이다.
누구나 살면서 두 번, 세 번, 아니, 수도 없이 쓰러진다.
이때 가장 필요한 것이 있다면 다시 일어설 수 있는 힘이다.
그런데 안타까운 것은 많은 사람이 이 힘을 보지 못한다는 점이다.

그래서 그런가?
우리는 미래가 끝없이 불안하다고 느낀다.

더 열심히 스펙을 쌓고, 아주 많이 가졌고, 풍족한데도
여전히 미래는 불안하다.
보이지 않는 힘이 버팀목이 되지 않으면
보이는 것도 힘이 되어주지 못하기 때문이다.
보이는 것은 수시로 우리를 흔들리게 만들지만
보이지 않는 것은 흔들리지 않는 뿌리와 같다.
21세기를 살아가는 우리에게는
그 힘이 어느 때보다 필요하다.
생존 불안뿐 아니라 실존 불안을 느끼는 현대인들에게
가장 큰 힘이 될 것이다.

15년이란 세월을 '웃음치료'라는 한길을 걸어오면서 오늘도 감사한다.
털어버릴 힘, 자신감, 자존감, 긍정적 가치관, 공동체를 지향하는 신념,
자아 정체성, 나를 조절할 수 있는 셀프컨트롤, 관계를 좋게 하는 소통,
세상을 살아가는 힘들이 키워졌기 때문이다.
세상의 기준으로 보면 내세울 것이 없는 사람이 나이지만
웃음을 업으로 삼으면서 비로소 나는 나답게 살 수 있었다.
내가 누군지, 내가 어디에 서 있는지 알았을 때
남과 함께 웃고, 울 수 있고, 위로해줄 수 있는 사람이 된 것에
오늘도 감사한다.

이런 면에서 이 책은 벌써 나왔어야 할 책이었다.

하지만 이제라도 보이지 않는 힘을 필요한 사람들에게 선물하고 싶다.
이 한 권의 책이 누군가에게 꼭 필요한 지침서가 되길 소망하면서.
삶의 돌파구가 필요한 사람에게
영혼까지 깊이 웃어주는 책이 되길 기도한다.

끝으로 윌리엄 제임스의 글을 인용하고자 한다.
'생각이 바뀌면 행동이 바뀔 것이고, 행동이 바뀌면 습관이,
그리고 삶이 바뀔 것이다.'
그렇다면 생각은 어떻게 바꿀 수 있을까?
그 답변으로 동화 한 편이 생각난다.

해님과 바람은 나그네의 옷을 누가 먼저 벗길지 경쟁을 했다.
바람이 불자 나그네는 옷을 더 움켜쥐었다.
해님의 차례가 되자 해님은 나그네를 따듯하게 비춰주었다.
나그네는 스스로 옷을 하나하나 벗어재꼈다.
사랑과 기다림과 격려 속의 따듯함만이 스스로 선택하게 만든 것이다.

내가 선택한 생각을 바꿀 수 있는 따듯한 방법은 바로
'즐거움'이자 '웃음'이다.
이제 이 지면을 빌어 그 따듯함 속에서
억압을 벗어던지고 변화를 기대한다.
이 변화를 위해서 이 책을 출판하기까지 애써주신

스타리치북스의 이혜숙 이사님과 출판팀
그리고 언제나 나의 버팀목이 되어주는
한국웃음연구소 출신의 웃음친구들,
그리고 세 아이 영원, 하빈, 한요와 공동 저자 아내에게 감사를 드린다.
그리고 이 모든 것을 이끄시는 하나님께 영광을 돌려드린다.

이요셉 소장 드림

| **머리말** |

'내 미래는 어떤 모습일까?

지금보다 나을까?'

이 질문은 오늘도 나를 두렵게 한다.

그래서 우리는 끊임없이 두려움을 해결할 무엇인가를

쳇바퀴 돌듯 찾아 나서는지 모른다.

이와 같은 삶을 살던 30대 후반의 남자가

'2박 3일 행복여행' 과정에 들어왔다.

'어떻게 살아가야 할까?'

'나는 왜 이 모양일까?'

그는 첫째 날을 통과하면서 즐기지 못하는 자신을 발견했다.

그리고 알아차리기 시작했다.

과거가, 생각이, 신념이 자신의 삶을 얼마나 옭아매고 있는지를…….
둘째 날, 털어버릴 용기를 선택했고 자신을 받아들일 용기를 선택했다.
'나는 ○○○해야 돼', '부모는 ○○○해야 돼',
'세상은 ○○○해야 돼'라는 틀이 얼마나 삶을 좌우지했는지
많이도 울면서 그 틀을 벗어버리는 시간을 통과했다.
이제는 같이 웃고, 같이 울고, 같이 춤출 수 있는
자신의 삶의 중심에 설 수 있었던 것이다.
이제 그는 말한다.
'나만 나처럼 살아갈 수 있다'고.

이처럼 이 남자의 인생을 바꿔버린 '2박 3일 행복여행' 과정은
15년 동안 1만 명이 넘는 사람들이 경험한 프로그램이다.
삼성의 한 전무는 이 프로그램을 이렇게 소개할 정도였다.
"몇 억을 줘도 아깝지 않은 프로그램이 행복여행입니다."
자신이 변하자 가정이 변한 것이다.
서로 이해하고 사랑하고 지지해주는
공동체로 변했기 때문이다.
목동에서 온 한 엄마와 딸은
'자신의 피를 새롭게 주입한 과정'이라고 소개했다.
이 과정을 통해 새로운 자신감과 자아 정체성이 생겼기 때문이다.

'2박 3일 행복여행'. 짧다고 생각하면 턱없이 짧은 시간이다.

그럼에도 인생의 터닝포인트가 되는 것은
단 한 가지를 선택했기 때문이다.
'feel good' 즐거움을 선택했기 때문이다.
즐거움은 자신을 새롭게 만들어갈 수 있는 힘이자
다시 볼 수 있는 관점 변화다.
아무리 좋은 것을 주입한다 해도 기분이 좋지 않으면
스스로 해결할 수 있는 능력은 생기지 않는다.
'feel good'은 모든 변화의 시작이다.
그래서 이제는 더 많은 사람을 살리고자
이 프로그램을 그대로 공개하기로 마음먹었다.
'해피바이러스'라는 사람을 통해 프로그램을 소개했고,
우리의 갈등과 치유 사례들을 실화 그대로 담았다.
이요셉 소장은 '하늘웃음'이라는 닉네임을 가진 길잡이로 소개되었다.

이제부터 '2박 3일 행복여행'을 시작하자.
마치 산속 공기 좋은 곳에 세미나를 들으러 온 것 같은 마음으로
첫 장부터 시작하라.
그러면 마지막 장을 덮는 순간 새로운 나를 만나게 될 것이다.
중간중간 웃음으로, 때로는 울음으로 다양한 감정을 만나게 될 것이다.
그럴지라도 책을 덮지 말고 직면하는 용기를 내라.
웃어버리기, 울어버리기, 털어버리기,
함께 소리 지르기, 함께 사랑하기,

그리고 살아가기.
목숨까지 걸던 사소한 일들이
그 용기와 도전 앞에 무릎을 꿇을 것이다.
그로 말미암아 나를 보게 될 것이고 나를 변화시킬 것이다.
그러고 나면 우리는 당당하게 이렇게 말할 수 있을 것이다.
'나만 나처럼 살 수 있다.'

마지막으로 책을 읽는 모든 이에게 지침서가 되기를 간절히 소망한다.
'2박 3일 행복여행'을 통해 건강과 행복과 성취가 새롭게 시작된 것처럼
이 공간에서도 똑같은 기적이 일어날 것이다.
그리고 그 위에 하나님의 축복과 사랑이 가득하길 기도한다.

김채송화 소장 드림

Contents

01 첫째 날-첫번째 시간
살아갈 열정 깨우기 〈행복으로 초대〉

1. 과거는 이별 연습이 필요한 거야 · 19
2. '행복이란?' 내가 정의한 만큼만 살아간다 · 28
3. 노는 힘을 키워야 문제를 이길 수 있다 · 37
4. 성취하려면 긍정정서로 진입하라 · 46
5. 부는 풍요의식에서 시작한다 · 55
6. 당당하게 열등감과 맞서야 세상과 맞선다 · 66
7. 달리 디자인하면 새 길이 보인다 · 74
8. 웃어버리는 힘이 극복하는 힘이다 · 80

02 첫째 날-두번째 시간
변화할 공간 만들기 〈환한 모습으로 변화〉

1. 웃음은 최고의 관상이다 · 93
2. 운을 좋게 하려면 '1분 웃음 트레이닝'을 하라 · 103
3. 매일매일의 삶은 '웃음 10계명'이 정답이다 · 113
4. 인사는 인생을 바꾸는 기본 전략이다 · 122
5. 행운을 잡으려면 남을 귀인 대접 하라 · 132
6. 무의식까지 바꾸려면 소리를 질러라 · 138
7. 얼굴이 펴야 인생이 핀다 · 146
8. 마음이 회복되면 인생도 회복된다 · 159
9. 가슴을 녹여야 털어버릴 힘이 생긴다 · 167

첫째 날-세번째 시간 / 둘째 날- 첫번째 시간
끌어당기는 힘 키우기 〈긍정으로 습관〉

1. 저 사람이 하면 나도 한다 · 177
2. 두뇌의 시스템은 작.사.가로 시작하라 · 182
3. 최악을 최고로 감사하라 · 194
4. 기를 펴려면 웃음클럽으로 시작하라 · 202
5. 무의식을 바꾸려면 생활웃음법을 하라 · 210
6. 오늘은 내 생애 최고의 날이다 · 215
7. 나만 나처럼 살 수 있다 · 220
8. 흉터는 별이 된다 · 228
9. 새로운 자아상을 만들어라 · 239
10. 성취감을 떠올리며 '자뻑'하라 · 247

둘째 날-두번째 시간
털어버릴 수 있는 용기 키우기 〈내면으로 여행〉

1. 얼었던 영혼은 반드시 녹는다 · 257
2. 가치만큼 삶의 여행이 시작된다 · 261
3. 신념을 깨려면 심장으로 호흡하라 · 272
4. 모험이 없으면 성장도 없다 · 278
5. 피할 수 없다면 웃어버려라 · 289
6. 화내버려라 그리고 울어버려라 · 295
7. 눈물이 없으면 영혼의 무지개도 없다 · 304
8. 진정한 행복은 지금 이 순간을 사는 것이다 · 313

셋째 날 - 첫 번째 시간
05 살맛 나는 인생 만들기 〈만남으로 성공〉

1. 우리의 삶이 독백이 되지 않으려면 · 321
2. 새로운 미래는 관계에 있다 · 326
3. 맛이 나는 만남을 가져라 · 332
4. 성공의 황금률, Give다 · 336
5. 웃음친구가 되어주라 · 341
6. 봉사하며 산다 · 346
7. 감사해준다 · 350
8. 격려해준다 · 354

"내 인생을 바꿔줄 지도가 없을까?"
"다시 태어난다면 나만 나처럼 살고 싶은데……."

몇 년 전 '2박 3일 행복여행'이라는 프로그램을 만나지 않았다면
나는 아직도 나답게 살지 못했을 것이다.
여전히 과거에 대한 집착과 미래에 대한 두려움이
나를 옭아매었을지도 모른다.

이제 그 답을 찾기 위해 '2박 3일 행복여행'을 떠나자.
틀림없이 좋은 일이 일어날 것이다.

첫째 날 - 첫 번째 시간   **1**   살아갈 열정 깨우기

행복으로 초대

과거는 이별 연습이
필요한 거야

"어서 오십시오."

"총각, 참 밝아서 좋아."

"감사합니다. 사모님, 하하하."

"이 프라이팬 얼마야?"

"2만8천 원입니다."

"그럼 두 개 줘. 총각 웃음 때문에 기분 좋아 하나 더 사는 거야."

"감사합니다, 사모님!"

나는 먹고살기 위해 웃어야 했다.
백화점에서 냄비 팔 때도 그랬고, 지하철에서 신발을 팔 때도 그랬다.

돈이 된다면 무엇인들 못하랴. 거짓 웃음쯤이야…….

내가 매장에서 잘 웃는 성격이어서 그런지, 그런대로 인정받았다.
심지어 어떤 분들은 밝은 나를 보면서 넌지시 묻기도 했다.
"총각 장가갔어?"
"아니오."
"장가 안 갔으면 내 딸 소개해줄까?"
"뭘 봐서요?"
"요즘 시대에 내 딸 굶기지는 않을 것 아냐? 싹싹하기도 하고…….."

그랬다.
남이 보기에 나는 일 잘하는 총각에다
더할 나위 없이 친절한 총각이었다.
그러나 그들이 나의 진짜 모습을 알 턱이 없었다.
나는 사람들 앞에서만 웃었으니까.
집에 와서는 불을 끄고 한없이 우울감에 빠져들었다.
쉬는 날에는 어두컴컴한 공간에 쑤셔 박혀 끊임없이 자학했다.
'왜 나는 이 모양일까?'
'왜 나는 되는 일이 없을까?'
'나는 언제까지 프라이팬이나 팔고 있어야 할까?'

사람 눈에는 숨길 수 있어도 몸은 내 마음을 그대로 말하고 있었다.

심리적 스트레스는 온몸에 피부 트러블로 나타났다.
30대에 머리털이 듬성듬성해져서 부스스한 헤어스타일로 감춰야 했고,
혹만 한 트러블은 선크림을 덕지덕지 발라 가려야 했다.

30대 중반, 그동안 참고 살았던 고름이 터지기 일보 직전이 되었다.
나를 더 힘들게 했던 두 얼굴의 가면을 벗어버리지 않으면
더 이상 삶을 지탱할 수 없을 것 같았다.
그렇다고 친구들에게 내 마음을 까발릴 수도 없었다.
늘 웃고 사는 나를 보며 친구들이 칭찬했기 때문이다.

"야, 너는 프라이팬 팔면서도 그렇게 좋냐?"
"그럼, 일할 수 있는 것이 감사하지 뭐. 너희들은 안 행복하냐?"
"짜샤, 행복은 무슨 행복. 죽지 못해 산다."
가까운 친구에게조차 나는 나를 위장했다.
그러던 내가 "나 너무 힘들어"라고 말하자니 용기가 나지 않았다.

'이 공허감을 무엇으로 채울 수 있단 말인가?'
밤마다 씨름하던 나는 드디어 결론을 내렸다.
'돈이 나를 보호해줄 거야.'
'그래, 돈이 보상해줄 거야. 돈이라면 세상이 나를 무시하지 않겠지!'
그 결심 이후로 나는 밤낮으로 열심히 일했다.
근무가 없는 날은 백화점이 아닌 다른 곳에서 알바를 했다.

그 덕에 종잣돈을 모았고 백화점을 그만두고 사업을 시작했다.
건전하지 못한 다단계판매에 젊은 날의 몇 년을 올인했다.
그런데 Top에 올라갈수록 나는 밤마다 괴로움에 시달렸다.
마음 한구석에서 '가책', '양심'이 작동한 것이다.
나 때문에 누군가는 피해를 보고 있었기 때문이다.
결국 나는 피라미드 다단계를 그만두었다.

두 번째 사업은 선배의 추천으로 N 백화점에서 했다.
'made in Taiwan' 조리 슬리퍼를 싸게 사서
백화점 한쪽 매대에서 팔았다.

예뻐 보였지만 바닥이 미끄러워 위험성이 있음에도
최고 슬리퍼라고 팔았다.
백화점 쉬는 날에는 소리소리 질러가며 지하철에서도 팔았다.
단속반이 나오면 치우는 척하다가 다시 풀면 그만이라고 생각했다.
'몇 차례 쫓겨났다 다시 오다 보면 뻔뻔해져서 아무렇지도 않다.
신세타령은 금물이다.
돈이 보상해줄 테니까!'

그렇게 모은 돈으로 의류 사업을 시작했다.
새벽시장에서 도매로 옷을 사서
우리 가게가 디자인한 것처럼 라벨을 붙여 팔았다.
통례라는 것은 어느 순간 그것에 양심을 팔아버리는 무감각을 만든다.
결국 나는 알지도 못하는 사업에 뛰어들어
많은 손해를 보고 손을 떼야 했다.
그 일로 인해 실패보다 더 무서운 병, 변명이 삶의 일부가 되었다.
'의류 사업은 내 적성이 아니야.'
어느새 실패를 변명으로 정당화하는 내가 되어버렸다.
그래야만 나의 책임을 가볍게 할 수 있기 때문이었다.
변명은 성장에 최고의 걸림돌이지만
그 순간을 모면하는 최고의 기술이기도 하다.

그렇게 나는 조금씩 병들어갔다.

'그래, 내가 할 수 있는 게 뭐 있겠어? 지지리도 운도 없는 놈이……'
내가 한없이 작아 보이던 어느 날,
주머니를 탈탈 털어 소주 한 병과 오징어 한 마리를 샀다.
그냥 모든 것을 다 그만두고 싶었다.
마지막으로 이모 얼굴 한 번만 보고…….

피붙이가 그리운 날, 갈 곳이라고는 이모가 있는 부천밖에 없었다.
15평 작은 공간에 사는 이모가 오늘만큼은 나를 위로해줄지 모른다.
'이제까지 이렇게 37년을 살아왔고 잘 견뎌왔는데……
오늘은 내 밑바닥을 휘저은 듯 유난히 더럽게 힘든 날이구나.'
이런저런 생각을 하다 보니 어느새 이모 집 앞이었다.

'이모, 나 힘들어. 그만 살고 싶어.' 울고 싶었다.

"이모 나 왔어요."
"철아 어서 와라."
술잔을 앞에 두고 이모와 마주 앉은 나는
나도 모르게 습관처럼 괜찮은 척하고 있었다.
'이모 나 너무 힘들어. 이모 나 그만 살고 싶어.'
마음속에서 외치는 소리를 입 밖으로 낼 수가 없었다.

내가 찾아온 이유를 눈치챈 것일까?
이모는 말없이 술을 따랐다.
"힘들지? 이모가 미안하다. 하나밖에 없는 조카를 못 도와줘서."
눈물을 삼키느라 강소주를 들이마시며 둘러댔다.
"괜찮아, 이모 견딜 만해. 세상이 다 그렇지 뭐. 이모는?"
'누가 누굴 위로하는 것인가?
나를 솔직하게 보여주기가 이렇게도 어렵단 말인가?'

"철아, 행복여행에 다녀오면 어떻겠니?"
"행복여행이오? 그게 뭔데요?"
"이모의 삶을 지탱해준 프로그램이란다."
엄마와 이모는 술주정뱅이 아버지 밑에서 지지리도 가난하게 살았다.
할아버지는 술만 마시면 폭언과 폭행을 일삼았다.

초등학교만 마치고 가발 공장에 들어갔던 이모는 악착같이 돈을 벌었다.
이모도 나처럼 모든 보상은 돈이 해줄 것이라고 착각했던 모양이다.
모든 사람은 이런 모양 저런 모양으로 집착 속에 살아가나 보다.

"철아, 돈은 영원한 울타리가 되지 못하더라."
"……."
"모으기는 어려워도 한순간 사라지는 것이 돈이야."
이모는 포장마차에서 일하고 공사판에서 밥장사해서 마련한 돈으로
악착같이 부동산 딱지를 사서 20억이라는 큰돈을 모았다.
영원히 이모를 지탱해줄 것 같은 그 많던 부동산이 어느 날,
이모부의 잘못 선 보증으로 다 사라지고 말았다.
이모의 삶이 송두리째 무너진 것이다.
하루아침에 무허가 건물로 쫓겨난 이모는 자다가도 새벽에 벌떡 일어나
그 길로 산속에 들어가 소리를 질러야만 했단다.
그러지 않으면 죽을 것 같았으니까.
그랬던 이모가 이렇게 달라진 것이다.

"철아, 가진 것이 많다고 행복한 것이 결코 아니더구나!
그때는 두 다리를 못 뻗고 살았단다."
"왜요?"
"더 많이 갖고 싶어서. 그런데 그거 아니?
가지면 가질수록 더 갖고 싶다는 거."

"가지면 가질수록 왜 두려워요?"

"잃어버릴까 봐. 못 지킬까 봐. 누가 훔쳐 갈까 봐.
그런데 지금은 훔쳐 갈 것도 없단다."

"이모, 세월이 억울하지도 않아요?"

"억울? 엄청 억울했지.
하지만 이제는 잃을 게 없으니 억울할 것도 없고, 속도 편하고."

"……."

"돈도 명예도 행복을 대신하지 못한단다. 돈이 순간순간의 행복을 줄지는 몰라도 돈이 전부라는 생각은, 길게 보면 불행이야."

'그럼 뭐가 행복이에요? 뭐가 행복하게 해주는데요?'라고 묻고 싶었다.
술 한 잔을 들이켠 이모가 잠시 후에 말했다.

"이모에게는 웃을 수 있다는 것이 행복이더라."

"웃음요?"

"그래, 텅 빈 가슴을 웃음이 채워주더라. 웃고 나면 다 가진 것 같더라고."
웃음이라는 것이 이모의 파란만장한 인생에 종지부를 찍은 것이다.
말도 안 되는 해답이다.

'그렇다면 내 삶도 웃음이라는 것이 지탱해줄 수 있을까?'
'고작 웃음이란 것이 내 삶의 지도가 되어줄 수 있을까?'

'행복이란?'
내가 정의한 만큼만 살아간다

나는 옷가지와 세면도구를 챙겨 행복여행에 참가했다.
2014년 5월 어느 목요일 행복여행 첫날 9시 50분,
나는 '해피바이러스'라고 적힌 명찰을 목에 걸었다.
아침 10시가 되자 오프닝이 마치고
개량한복을 입은 남자가 강단에 섰다.
키가 157센티미터쯤 되어 보이는 볼품없는 인상이었다.
'뭐지? 잘못 온 것 아닐까?'
외모만 봐서는 모든 프로그램이 별 볼 일 없어 보였다.
괜히 거금만 날렸다는 생각이 들었다.

"52기 쉰다섯 명 여러분, 환영합니다."
남자가 환한 웃음을 띠며 입을 열었다.
"반갑습니다. 한국웃음연구소 소장 이요셉 하늘웃음입니다.
하늘처럼 웃고 싶어서 '하늘웃음'이라고 지었습니다. 반갑습니다."
그는 우리에게 90도로 허리를 숙여 깍듯이 인사하고
한 가지 질문을 했다.
"여러분, 우리가 갈망하는 행복이 뭘까요?"
그 질문에 순간 거부감이 들고, 반감이 치밀어 올랐다.
'행복이 뭐냐고?'
'행복'이란 단어는 내게 꿈만 같은 단어다.

그 사람이 말을 이었다.
"행복이 뭐냐고 묻는 질문에 한숨도 나오고 분노가 치밀기도 하지요?"
속을 꿰뚫어보는 듯한 말이 나를 더 화나게 만들었다.
'뭐야, 돗자리 깔았어? 아님 통밥이야? 짬밥인가?'

어린 시절 어느 저녁 무렵에 엄마는 나를 두고 집을 나가셨다.
그것도 내가 지켜보고 있는데.
가지 말라고 내가 그렇게 울어댔는데
엄마는 아랑곳하지 않고 나를 떠났다.
'이런 내게 행복이 뭐냐고?
내가 소년 가장으로 사춘기를 어떻게 살았는데…….

니가 사춘기 때 남의 시선을 알아?

엄마 아빠가 없다는 것을 친구들이 알면 얼마나 쪽팔린지 알아?

찢어지게 가난하다는 것을 들키는 게 얼마나 수치인지 알아?'

늘 숨기느라 조마조마한 마음에 고개를 들 수 없었던 나의 사춘기.

초등학교 때 한 번은 학교에서 저금하는 날이 있었다.

나는 아이들 몰래 이 집 저 집을 다니며 빈 병을 주웠다.

빈 병 속에 있는 담배꽁초도, 어른들이 뱉은 누런 가래도 괜찮았다.

깨끗이 씻으면 그만이다. 돈이 되니까.

그렇게 해서 30원을 모았다.

그리고 저축하는 날

'나도 저금할 수 있다'는 생각에 기쁜 마음으로 학교에 달려갔다.

그런데 선생님이 내 돈을 받아 들고는 교실 바닥에 내팽개쳤다.

"거지 같은 놈, 이것도 돈이야? 이걸 저금이라고 가져왔어?"

30원이 바닥 여기저기에 굴러다녔다.

그 돈을 나는 한참을 쳐다봤다.

마치 내 인생이 여기저기 굴러가는 것 같았다.

그날 이후로 나는 30원짜리가 되었는지도 모른다.

'이런 나에게 행복이 뭐냐고?'

저 사람이 내게 염장을 질렀다.

어떤 누구도 내 앞에서 '행복'이라는 단어를 꺼내서는 안 된다.

저 사람이 나의 모든 사정을 알든 모르든…….
'있는 놈들이나 행복한 것이지!'
나에게 행복은 사치다.
등 따습고 배불러야 행복하다고 말할 수 있는 것이다.
부정적인 생각과 분노가 자꾸만 치밀어 올랐다.
'그럼 네가 말하는 행복은 뭔데?'
이 한마디만 묻고 강의장을 뛰어나가고 싶었다.

내가 묻기도 전에 질문에 대한 답변이 들렸다.
"제가 말할 수 있는 행복이란? 만족입니다. 즉 기분 좋음이 행복입니다.
기분이 좋아야만 관점이 바뀌고, 좋은 점을 보게 되고……."

뭐라고 지껄이는지 아무 말도 들리지 않았다.
첫 마디가 충격이었기 때문이다.

'행복이란 기분 좋음이다.'
나는 멍할 수밖에 없었다.
'만족? 기분 좋음? 이런 정의가 어디 있어?
행복이란 가진 것이 아니었어? 돈이 아니야?
이건 말도 안 되는 소리야!'

말도 안 되는 말을 해놓고 하늘웃음은 유식한 척 지껄였다.
"여러분, 영국 BBC방송에서도
'행복이란 기분 좋음이다'라고 정의합니다.
기분이 좋아지면 관점을 디자인할 수 있기 때문입니다.
제가 그랬던 것처럼, 그리고 여러분의 전 선배들이 변화되었던 것처럼."

전 기수에 한 가족이 행복여행에 참석했단다.
아이 둘을 데리고 창원에서 이혼 조정 기간에
행복여행에 참석한 것이다.
그 아내는 다짜고짜 하늘웃음에게 말했단다.
"소장님, 여기 오기까지 부부상담, 치유상담, 깨달음 프로그램까지
안 해본 게 없습니다.
이게 마지막입니다. 소장님 제 남편을 제발 바꿔주세요."

아내는 절대 바뀌지 않는 남편 때문에 못살겠다는 것이다.
그래서 마지막 선택이라고 온 것이 '기적의 2박 3일 행복여행'.

하늘웃음은 그들에게 딱 한마디만 했단다.
"최선을 다해서 즐기세요. 그럼 바뀔 것입니다."
어린아이처럼 즐기다 보면 남이 아닌 나 자신을 보게 된다는 것이다.
우리의 삶은 거의 100% 무의식의 지배를 받는데
그 무의식 속 억압된 감정을 마주할 수 있다는 것이다.

하늘웃음은 우리에게 물었다.
"이들에게 어떤 일이 벌어졌는지 아십니까?
둘째 날 밤, 그 부부는 두 손을 꼭 잡고
새벽 세 시까지 대화를 나눴다고 합니다.
얼굴만 봐도 서로에게 화를 내던 사람들이
처음으로 대화를 한 것입니다."

"다음 날 아침 아내가 눈이 퉁퉁 부은 채로
강의장에 나타나서 말하더군요.
'소장님, 어제 실컷 울고 나니 알겠어요.
모든 문제가 저에게 있었더라고요.
그동안 남편이 문제라고 생각했는데…….
그동안 제가 지랄했더라고요. 어린 시절 엄마에게서 받은 상처 때문에.'"

하늘웃음은 이 부부의 예화를 듣고는 말을 이었다.
"여러분, 기분이 좋으면 자신을 들여다볼 수 있는 눈이 생깁니다.
하지만 행복하지 않으면 절대로 자신을 볼 수 없습니다.
욕망과 현실 사이에서 끊임없이 누군가를 죽어라고 탓하게 되지요."

말도 안 되는 억지이지만 어느새 나는 한 귀로는 듣고 있었나 보다.
'그 여인이 바뀐 이유는 한 가지, 기분이 좋아졌기 때문이라고?'
'기분이 좋으면 남을 탓하지 않는다고?'
멍 때리고 있는 나에게 다음의 말이 귀에 들렸다.
"기분이 좋으면 남을 바꿀 수는 없어도 나 자신을 바꿀 수는 있습니다.
저를 따라 해보세요. 하 하하 하하하~"
"하 하하 하하하~"
사람들이 따라 했다.
나는 팔짱을 끼고 입만 벌리고 따라 하는 척만 했다.

그러면서 '조금은 더 참아보자'는 생각이 넌지시 들었다.
저 사람이 지껄이는 소리가 100% 틀린 말은 아닌 것 같았다.

"기분이 좋아지면 과거와 이별할 수 있습니다."
이어 영국 BBC방송에서 방영한 '행복' 사례 영상이 클로즈업되었다.
한 중년 여인이 치매에 걸린 엄마를 보면서 늘 불만이었다.
엄마 때문에 인생이 꼬인 것 같았다.
그러던 어느 날 그 여인이 '행복 프로그램'에 참여하게 되었고
거울 보며 웃고, 시간을 정해놓고 웃고, 그냥 웃고…….
몇 주가 지났을까?
불평불만으로 가득했던 몇 주 전의 얼굴이 아니었다.

기자가 물었다.
"지금 행복하십니까?"
그녀는 자신 있게 대답했다.
"아주 행복해요."
그녀는 마치 소녀처럼 아무것도 아닌 일로 웃어댔다.
엄마 머리를 빗겨주며 화를 내던 그녀가
엄마 머리를 갖고 장난치며 웃는 것이다.
그녀의 표정이 바뀌었고, 그녀의 말이 바뀌었고, 그녀의 삶이 바뀌었다.

'기분이 좋아지면 정말로 나도 바뀔 수 있을까?'

'기분이 좋아지면 과거와 이별할 수 있을까?'

'이런 나도…….'

나는 끊임없이 속으로 지껄였다.

노는 힘을 키워야
문제를 이길 수 있다

"마음이 다치면 인생도 망칩니다. 감정이 우리 삶을 좌지우지하니까."
우리는 이성보다 감성에 영향을 받지만
학습을 통해 내면의 소리를 들을 수 있게 되면
스스로 통제할 수 있다는 것이다.
"이제는 내 인생의 주인이 나입니다."

하늘웃음은 무거운 분위기를 환기시키려는지
어린 시절 이야기를 들려주었다.
"제가 어렸을 때 옆집에 수탉이 있었습니다.
위엄 있게 선 볏, 무시무시한 부리. 1학년에게는 무서운 존재였지요.

그놈의 수탉도 자기가 나보다 센 줄 알았나 봅니다.

나만 보면 달려드는 거예요.

그럼 나는 '엄마야~' 하며 도망쳤지요.

그렇게 몇 번 쫓기다 보니 그 집 앞에서는 줄행랑을 쳤답니다.

수탉이 있건 없건.

그러던 어느 날 제가 친구들 구슬을 몽땅 땄습니다.

기분 최고였죠.

집에 오는 길에 어김없이 수탉을 만났습니다.

기분이 좋았던 저는 나도 모르게 구슬을 두 알 들었습니다.

그리고는 두 눈을 크게 뜨고 구슬치기하듯 수탉에게 냅다 던졌습니다.

무슨 일이 일어났는지 아십니까?

이번에는 수탉이 꽁지가 빠지도록 줄행랑을 치는 겁니다.

그 뒤로 역전이 벌어졌습니다.

그다음부터는 제가 아니라 수탉이 저를 피하더군요.

여러분, 무서울 때는 똑바로 직면하면 됩니다.

물론 어떤 사람은 아프기도 하고, 어떤 사람은 무섭기도 하겠지요.

하지만 당당하게 살기 위해서는

'나는 수탉보다 약하다'라는 거짓에서 벗어나야 합니다."

'어떻게……?'

"직면할 수 있는 힘을 키우면 됩니다. 즐거움을 통해서."

'즐거움?'

"필 굿 feel good, 즉 기분이 좋으면 두려움을 극복할 수 있습니다. 저처럼."

갑자기 즐거웠던 기억을 떠올리라고 했다.

'내게도 기분 좋았던 기억이 있던가?'

한참 만에 떠오르는 일이 있었다.

여섯 살인가, 일곱 살인가?

엄마가 나를 떠나기 전, 가난하다고 무시당하던 시절,

옆집 감나무에서 연시가 떨어져서 먹었을 뿐인데

그 집 할아버지가 나를 세워놓고 노발대발하셨다.

참다못한 엄마가 장대를 가지고 그 집 감나무를 후려 패버렸다.

그날 옆집 할아버지는 꼬리를 내리셨고

나는 더 이상 쫄거나 기죽지 않았다.

엄마가 있는 한 그 할아버지 앞에서 당당했다.

"영감탱이 같으니라고……."

침을 퍽 뱉으며 중얼거리던 엄마의 그 한마디로
호랑이 할아버지가 종이호랑이가 되었다.
나는 그 집을 지날 때마다 어깨에 힘이 들어갔다.
'영감탱이 같으니라고…….'
내가 떠올릴 수 있는 유일한 즐거운 추억이다.

하늘웃음이 한마디 했다.
"여러분, 과거는 아름다운 추억으로 떠오를 때만 가치가 있는 법입니다."
'아름다운 추억만 가치가 있다고?'
하여간 궤변 같은 소리에 내 마음이 약간 흔들렸다.

이어서, 노는 힘을 테스트한다며 우리를 두 줄로 세웠다.
한 줄은 엄마, 한 줄은 아기라고 정해주고는 질문을 했다.
"여러분이 아기라면 갖고 싶은 장난감 앞에서 어떻게 하시겠습니까?"
"생떼를 부리겠지요. 엄마가 사줄 때까지."
누군가 대답했다.
"그렇습니다. 생떼를 부려서라도 장난감을 사달라고 합니다.
여러분도 이 시간에는 무조건 생떼를 부리십시오."

엄마 줄에 서 있는 사람에게는 생떼 부리는 아이를 달래는 임무가,
아이 줄에 서 있는 사람에게는 난장판을 벌이는 임무가 주어졌다.
생떼놀이가 1단계에서 10단계로 카운트되었다.

"1단계…… 2단계…… 3단계……. 최고조의 생떼 10단계!"
사람들이 자지러지고 떼굴떼굴 구르고 소리소리 지르느라 난리가 났다.
강의장이 한순간 웃음바다가 되었다.

그런데 나는 착잡했다.
그런 상황에서도 방관자일 수밖에 없는 나.
나는 생떼를 부릴 수 없었다.
아니 부릴 줄 모른다는 표현이 맞을 것 같다.
나는 착한 아들이었으니까,
내가 착해야만 엄마와 아빠가 덜 싸우니까,
내가 착해야만 아빠가 엄마를 때리지 않으니까.

"생떼를 부릴 줄 아는 사람은 건강한 사람입니다.
나 자신을 만나려면 안과 겉이 똑같아지도록
아이처럼 내면에 정직해야 합니다.
생떼를 부려서라도 갖고 싶다고 표현하세요."
이 놀이를 통해 감정의 묵은 찌꺼기를 털어버리는 작업을 시작한 것이다.
"지금 이 시간에 털어버릴 수 없다면
여러분의 과거는 여전히 현재가 될 것입니다."
예순이 넘은 내 짝꿍도 나처럼 어색하기는 매한가지였다.
'과거를 웃어넘기지 못하면 미래도 현재도 과거가 될 것이다.'
'과거를 웃어넘기지 못하면 미래도 현재도 과거가 될 것이다.'

이 충격적인 말이 계속 머리를 맴돌았다.
나는 떨리는 목소리로 용기를 내어 제안했다.
"하늘웃음 소장님, 다시 한 번 하면 어떨까요?"
수강료가 아까워서라도 한 번은 해보고 싶었다.
다시 기회가 주어졌다.
우리는 발버둥을 치고 자빠지고 데굴데굴 구르며 힘을 뺐다.
눈물이 나오려는 것을 온 힘을 다해 참았다.
그런데 웬일일까?
가슴 한편에 꾹꾹 눌러놨던 체증이 가신 듯했다.
힘을 빼고 나니 몸이 날아갈 것 같았다.
'그동안은 힘 빼는 것이 왜 그리도 힘들었을까!'

'엄마와 아기 되기' 역할놀이를 마치고
짝꿍과 이야기 나누는 시간이 주어졌다.
나이 많으신 내 짝꿍도 어린 시절 엄마에게 생떼를 부리지 못했단다.
아버지가 늘 아파서 가장 구실을 해야 했기 때문이다.
'그래서 그런가?'
남에게 부탁해본 적이 없다는 이분과 나.
혼자서 삶을 헤쳐오느라 너무 힘들었던 것이다.

잠시 후 한 분이 손을 들고 앞에 나가서 소감 발표를 했다.
"제가 초등학교 3학년 때 부모님이 교통사고로 돌아가셨습니다.

실컷 울어야 엄마 아빠를 보내드릴 수 있었을 텐데
저는 그렇게 못했습니다.
저에게는 딱 한 가지 생각밖에는 없었으니까.
'앞으로 어떻게 살아야 하지? 동생과 나는 어떻게 살아야 하지?'
초등학교 3학년인 나는 그때 철이 들고 말았지요.
그 후로 유난히 남의 눈치를 보며 살았습니다.
그때 못 울어서 그런가요?
쉰이 넘도록 남의 눈치를 보며 살았고 항상 가슴이 아팠습니다.
엄마, 아빠 없는 아이라는 손가락질 받지 않으려고
늘 긴장하며 살았으니까.
그런데 오늘에서야 평생 가지고 있던 체중이 가신 듯합니다.
이제야 엄마, 아빠를 하늘나라로 보내드릴 수 있을 것 같습니다.
감사합니다.
속이 후련합니다."

박수와 함께 격려의 말이 들렸다.
"여러분, 잘 하셨습니다."
하늘웃음은 실컷 놀아본 우리를 칭찬해주었다.
노는 것도 대단한 용기라나…….
남의 눈치를 보지 않는 대단한 용기란다.
'엄마와 아기 되기'는 재미와 함께
스트레스를 해소하는 의미 있는 시간이었다.

사람의 자아에는 세 가지 시각이 있단다.
첫째는 부모의 자아, 둘째는 어른의 자아.
부모의 자아가 크면 과잉보호하거나 판단하는 성향이 강하고,
어른의 자아가 강하면
남보다 내가 좋게 보여야 하는 우월성이 강하다는 것이다.
그렇다.
나는 어른의 자아가 강한지도 모른다.
그래서 그 열등감을 들키지 않으려고
37년 동안 가면을 쓰고 살았는지 모른다.
있는 모습 그대로 보여주지 못하고
내가 드러날까 안절부절못했는지도 모른다.

하늘웃음은 세 번째 자아에 관해 말했다.
"여러분, 세 번째 자아가 뭔지 아십니까? 어린아이의 자아입니다.
어린아이는 느낌에 충실하기 때문에 지금 여기만을 살아갑니다."
그렇다.
우리 안에는 누구나 어린아이처럼 놀고 즐기고 싶은 욕망이 숨어 있다.
그러나 옆 사람 눈치 보느라, 체면 차리느라
그 즐거움을 못 느끼는 것이다.
즐겁게 살 궁리보다 체면 차리기가 앞서는 것이다.

잠시 후 음악 한 곡이 흘러나왔다.

'얼음땡'이라는 신나는 노래였다.

우리는 고개를 흔들라고 하면 고개를 흔들고,

다리를 흔들라면 개다리 춤을 췄다.

그러다가 "얼음" 하면 멈췄고 "땡" 하면 마구 흔들어댔다.

옆 사람이 보거나 말거나 잘 추거나 못 추거나 상관없었다.

'이렇게 남을 의식하지 않았던 적이 있었던가?'

울고 싶을 때 울고, 웃고 싶을 때 웃고, 춤추고 싶을 때 춤출 수 있다는 것.

"여러분, 실제 마음과 일치된 행동을 할 수 있다는 것은

내가 되는 첫걸음입니다."

나는 아직 이해할 수 없는 말이지만 마음이 한결 가벼워졌다.

성취하려면
긍정정서로 진입하라

나는 신나게 춤을 추었다.
전에는 내가 이렇게 춤에 끼가 있는지 미처 몰랐다.
조금만 놀아도 지쳐버릴 우리가 밤새워 놀아도 끄떡없을 판이었다.
이처럼 아이들은 즐기기 때문에 에너지가 고갈되지 않는 모양이다.
"기분이 좋아지면 자신감이 생깁니다."
이제야 하늘웃음의 말들이 조금씩 피부에 와 닿는 듯했다.

"여러분 행복하십니까?"
하늘웃음이 갑자기 소리 질렀다.
"예!"

"조건 없이 행복하십니까?"
"예!"
"느낌에 충실했다면 여러분은 행동치료를 한 것입니다.
이제 인지치료를 할까요?"
우리는 숨을 가다듬고 의자에 앉아 행복의 조건이 무엇인지 배웠다.
"긍정심리학자 마틴 셀리그먼은 다섯 가지 행복의 조건을 말합니다.
재미, 의미, 몰입 그리고 관계, 성취."

우리는 다섯 가지 중 네 가지를 충족하고 있었다.
하루 종일 뛰어놀아도 지치지 않을 정도로 재미있었고,
나 자신이 좋고, 옆 사람이 좋아 보일 정도로 의미 있었고,
옆 사람이 의식되지 않을 정도로 몰입할 수 있었다.
'그런데 더 이상 뭐가 필요한가?'

하지만 하늘웃음은 우리에게 그다음 단계를 제시했다.
긍정만으로도 행복하다는 것이다.
즉, 진정한 변화와 성취는 '긍정정서'란다.
지속적이고 반복적인 습관이 문화와 같은 긍정정서를 만든다는 것이다.
"여러분, 긍정정서가 삶의 일부가 되면 습관이 생깁니다.
좋은 습관이 생기면 이제는 습관이 내 종노릇을 할 것입니다.
하지만 기존에 가졌던 불평불만은 나에게 주인 노릇을 할 것입니다."
이해를 돕기 위해서 예화를 들었다.

어느 날 아침에 하늘웃음이 전화 한 통을 받았다고 했다.
"소장님, 이 기쁜 소식을 친구들보다 소장님에게 먼저 알립니다.
저 흥국화재를 15년 넘게 다녔지만 올해 처음으로 연말 시상식에 섭니다.
모두 소장님 덕분입니다."
그 여자분은 '무수리'라는 자아상을 가진 분이었단다.
그래서 끊임없이 '나는 왜 이 모양일까?' '나는 왜 내가 싫을까?'
오빠들은 대학교수인데
본인은 고등학교도 제대로 못 나왔다는 것이다.

"소장님, 행복여행이 아니었다면
저는 끊임없이 과거를 원망했을 것입니다.
지금도 무수리가 제 삶을 이끌었겠지요!
소장님 감사합니다.
'오늘은 내 인생 최고의 날이야. 하하하하~'를 할 수 있도록
습관 들게 해주셔서 정말정말 감사합니다."

오늘의 그녀가 있기까지는 긍정정서 습관이 힘이었단다.
그녀는 행복여행 2박 3일을 마치고 몇 년 동안 아침마다 외쳤다.
"오늘은 내 인생 최고의 날이야. 하 하하 하하하."
"나는 날마다 점점 더 좋아지고 있다. 하 하하 하하하."

"아침마다 매일 외쳤던 말이 무의식으로 하여금

목표를 끌어오게 만든 것입니다.
여러분, 변화심리학의 거장 앤서니 라빈스도 말합니다.
'탁월한 성과를 위해서 탁월한 감정을 유지하라.'
감정을 긍정정서로 만들면 변화하지 않는 것이 없기 때문입니다."

하늘웃음은 간략하게 앤서니 라빈스를 소개했다.
앤서니 라빈스는 성탄절을 보낼 수도 없는 가난한 환경에서 태어났다.
그 가난은 대물림이 되었다.
그는 화장실 청소부로 하루하루를 겨우 살았다.
몸무게는 130킬로그램이 넘는 자신감 없는 뚱뚱보.
그랬던 그가 세계에서 가장 위대한 인물 10인 중 한 명이 된 것이다.

그가 원하는 여자와 결혼하고 그가 원하던 그림 같은 집에서 살고,
가장 영향력 있는 사람이 되었고,
변화심리학의 거장이자 최고의 동기부여가가 되었다.
그런 그가 말한다.
'탁월한 성과는 탁월한 감정에서 나온다.'
그가 선택한 긍정정서가 오늘의 그를 만든 것이다.

앤서니 라빈스의 소개가 끝나자 강남의 한 음식점이
영상으로 소개되었다.
귀가 따가울 정도로 직원들이 고래고래 질러댔다.
"어서 오십쇼~"
"어서 오십쇼~"
"이쪽으로 모시겠습니다."
누가 사장이고 누가 직원인지 모르겠다.
직원들 한 사람 한 사람이 주인처럼 느껴졌다.
나의 가식적인 미소와 웃음과는 완전히 달랐다.
그들의 웃음에는 저마다의 꿈과 열정이 녹아 있는 것처럼 느껴졌다.
내가 돈을 좇는 사람이었다면 그들은 꿈을 좇는 사람들 같았다.

영상이 마무리되자 하늘웃음이 말했다.
"여러분, 이들처럼 긍정정서가 몸에 배면
내 삶의 운전사는 바로 나입니다."

충격적인 말이다.

"내 삶의 운전사가 내가 되면

어떤 감정에도 환경에도 흔들리지 않습니다.

설령 흔들리더라도 다시 일어설 수 있는 힘이 생깁니다.

이것이 긍정정서를 만들어야 하는 이유입니다."

긍정정서를 만드는 첫 번째 작업 'Feel good is change.'

PPT 화면이 띄워졌고

우리 각자에게 스티커 10개와 고무줄 10개를 나눠줬다.

가위바위보 게임이 시작되었다.

이겨도 행복하고 져도 행복한 놀이다.

가위바위보를 해서 이긴 사람이 얼굴에 스티커를,

머리에 고무줄을 붙여 오는 것이다.

진 사람은 스티커와 고무줄을 이긴 사람 얼굴과 머리에 붙이고 묶는다.

진 사람이 이긴 사람에게 장난칠 절호의 기회다.

이겨도 좋고 져도 좋은 게임에서 인생철학을 한 가지 배우는 것이다.

'실패란 인생이라는 여정에서 단지 게임에서 한 판 진 것일 뿐.'

다시 일어서서 즐기는 것이 긍정정서에 진입하는 첫 번째 단추다.

"많은 사람들이 왜 긍정정서로 진입하지 못하는지 아십니까?"

"실패하니까!"

누군가 외쳤다.

"맞습니다. 실패라는 두려움 때문입니다.
실패란 게임에서 한 번 진 것뿐인데……."

두려움이라는 적을 아무것도 아닌 게임 한 판에 비교하다니,
이해할 수 없었다.

우리는 요모조모 고무줄놀이에서
실패도 즐길 수 있다는 것을 배운 것이다.
강의장 여기저기서 가위바위보 소리가 진동했다.
우리는 이 게임을 마치고 팀별로 앉았다.
불과 몇 시간이 지났을 뿐인데 사람들 얼굴이 달라졌다.
행복여행에 들어올 때만 해도 오만 가지 표정을 짓고 있던 사람들이었다.
'나는 사업 실패하고 온 사람이니까 건들지 마.'
'나는 우울증이거든. 모든 것이 맘에 안 들어.'
'나 아프거든. 그냥 내버려둬.'
그런데 지금은 얼굴이 바뀐 것이다.
실컷 놀았을 뿐인데…….
'그까짓 것 사업에 실패했으면 어때? 다시 일어서면 되지!'
'남들 다 하는데 나라고 못해.'
'비록 하는 일마다 힘들었어도 괜찮아. 그 덕분에 여기 올 수 있었잖아.'
단지 우리는 지금 여기서 신나게 놀았을 뿐인데
얼굴에 나타난 생각들은 180도 달라졌다.

이 놀이를 마치고 몇 사람이 사례 발표를 했다.

거제에서 올라온 30대 자그마한 여성이 마이크를 잡았다.
닉네임이 '작은 거인'이었다.
"두 달 전에 남편을 하늘나라로 보내고 행복여행에 들어왔습니다.
저는 웃음치료 행복여행에 꼭 오고 싶었습니다.
남편과 같이 오려고 했는데…….
남편이 싫다고 해서 같이 못 왔습니다.
왔으면 마지막 순간이라도 행복했을 것을…….
이렇게 행복할 줄 알았으면
고집을 더 부려서라도 같이 올 걸 그랬습니다."
그녀는 어렵게 호흡을 가다듬는 듯했다.

"두 달 전에 남편을 보냈습니다.

아직 제 마음에 슬픔이 다 가시지는 않았습니다.

하지만 지금 견딜 만큼 힘이 생깁니다.

오늘 남편이 저에게 이렇게 말하는 것 같아서 행복합니다.

'이제는 그만 울어 여보.

당신이 즐기니까 내가 정말 기쁘네.

당신이 살아야 우리 어린 아들과 딸도 행복하게 살아가지.'"

그녀의 말을 통해 우리는 알았다.

'세상에 아프지 않은 사람은 없다'는 사실을.

'단지 덜 아픈 사람이 위로할 뿐이다'라는 사실을.

부는 풍요의식에서
시작한다

작은 거인 님의 소감 발표는 따뜻한 마음과 감사의 마음을 갖게 했다.
어떤 사람이 간절히 바라는 내일을 우리는 살고 있기 때문이다.
쉰다섯 명 중에 내가 가장 불행한 사람인 줄 알았다.
내 손톱에 박힌 가시가 제일 큰 것처럼 느껴지니까.

하늘웃음은 감사할 줄 알고, 서로 이해할 줄 알고,
위로할 줄 아는 것이 풍요의식이라고 설명했다.
"2박 3일 행복여행을 마치고 나면 우리는 달라질 것입니다.
더 이상 누구와 비교하지 않게 될 것이고,
순간순간 감사하게 될 것입니다.

끊임없이 일어나는 시기, 질투에서 벗어나
있는 모습 그대로 보게 될 것입니다.
나 중심(me center)에서 너 중심의 사고를 하게 될 것이고,
환경은 변함없지만 순간순간 행복감이 올라올 것입니다.
즐길 줄 아는 힘, 이것이 풍요의식입니다."
나는 풍요의식이라는 말에 조금 어려워지기 시작했다.
하지만 남은 시간 동안 약간은 집중하기로 마음먹었다.
내가 행복해서 그런가? 많은 의심이 사라졌다.

풍요의식에 대한 부연 설명이 시작되었다.
"분당에 사는 한 분이 행복여행에 오셨습니다.
살고 싶지 않다는 것입니다.
밥도 안 넘어간다는 것입니다.
그분은 세속적으로 보면 아주 넉넉한 분입니다.
아들은 의사이고, 남편은 잘나가는 중소기업 CEO입니다.
하지만 그분은 불평불만으로 가득했습니다.
왜? 그분의 마음이 빈곤의식으로 가득 차 있기 때문입니다."
저 뒤에서 누군가 질문을 했다.
"그렇다면 내가 빈곤의식에 빠져 있는지 어떻게 알 수 있습니까?"
그러자 하늘웃음은 망설임 없이 대답했다.
"삶에 감사가 없다면 빈곤한 삶을 살아가는 사람입니다.
삶을 즐길 줄 모르면 빈곤한 삶을 살아가는 것입니다.

끝없는 열등감, 비교감이 올라오기 때문이지요."

이처럼 빈곤의식은 두 가지 패턴으로 우리 삶을 몰아간단다.
첫째, 일어나지 않은 미래를 끊임없이 걱정하며 살아간다.
하늘웃음은 재미있는 이야기로 빈곤의식을 설명했다.
"어느 날 제 아내가 친구와 전화로 이런 대화를 주고받더군요."
(친구) 나 머리 아파 죽겠어.
(아내) 왜?
(친구) 어디에 땅을 살지 고민 중이거든.
(아내) 무슨 땅?
(친구) 만약 아들이 서른 살이 되어 집도 없으면 어쩌나 생각해서 땅을 사려니 머리가 아파.

"갑자기 제 아내가 전화기에 대고 화를 내더군요."
(아내) 너 지금 미쳤냐? 네 자식이 지금 몇 살인지 아니?
(친구) 일곱 살.
(아내) 야~ 이십삼 년 후 걱정을 미리 하니?
그것도 잘될 것을 생각하는 것도 아니고…….
지구가 언제 멸망할까 고민하는 것이 낫겠다.

"여러분 이것이 빈곤의식입니다."
'???'

"기뻐하면 소망을 맛보지만 빈곤의식 속에서는 두려움이 자랍니다.
긍정이든 부정이든 마음에 새기는 것이 현실이 되기 때문입니다."

"기쁨을 잃고 빈곤의식이 들면
또 하나의 패턴이 생기는데 과거에 대한 집착입니다.
시계가 뒤로 돌아가면 고장 난 것이듯
우리 생각도 과거에만 집착하면 고장 난 것입니다."
하늘웃음은 과거에 대한 집착도 예화로 설명했다.
"저희 동네에 사는 동서지간이 싸웠습니다.
작은동서가 큰동서 머리채를 잡아당겨서
큰동서 머리가 한 움큼 빠졌습니다.

큰동서는 그 머리카락을 보자기에 싸서 장롱에 넣었답니다."
하늘웃음은 얘기를 하다 말고 우리를 향해 질문했다.

"왜 장롱에 보관했을까요?"
나도 모르게 크게 대답했다.
"두고두고 이를 갈려고요."
"빙고!"
"또 무슨 목적이 있을까요?"
"자식에게 물려주려고요."
"빙고!"
"해피바이러스 님의 경험담인가요? 잘 맞히네요."
나는 순간 움찔했다.
어린 시절 엄마는 동네 사람들 사이에서 싸움닭이었다.

"여러분, 우리는 기분이 나쁘면 문제를 붙드는 경향이 있습니다."
말이 끝나기도 전에 한 아주머니가 소리를 질렀다.
"인간의 도리를 벗어난 행동을 어떻게 용서할 수 있어요?"
우리는 갑자기 몸을 한 방향으로 돌렸다.
나는 이 질문에 시원함을 느꼈다.
이에는 이로, 눈에는 눈으로 갚아야 시원한 법이니까.

"용서하든 안 하든 개인 문제입니다.

하지만 악을 품고 있는 이상 화는 나에게 미칩니다."
누구가 또 질문을 했다.
"그러면 어떻게 해야 그 악을 풀어버릴 수 있습니까?"
하늘웃음은 주먹을 들어 보이며 말했다.
"여러분, 밥풀 묻은 아기가 주먹을 꽉 쥐었다 합시다.
엄마가 그 주먹을 힘으로 펴려 하면 울고불고 난리가 납니다.
어떻게 하면 아이의 주먹을 펼까요?"

"있는 힘을 다해서 강제로 펴요."
"NO."
"간지럼을 태워요."
"NO."
"……."
"좋아하는 것을 다른 손에 쥐어주면 됩니다."
30대 젊은 엄마가 말했다.

"움켜쥔 것을 놓는 방법은 더 좋아하는 것을 갖는 것입니다.
즐거우면 손이 펴집니다. 그러면 그 생각을 내려놓게 됩니다.
가령 다이어트를 한다고 다이어트에 집중하면
절대로 살을 뺄 수 없습니다.
살과 상관없이 운동을 좋아하거나 채소를 좋아하면 되는 것입니다.
마음가짐이지요.

그런데 이 마음가짐은 풍요의식에서만 가능합니다.
그래야만 마찰이 없습니다.
마음이 기뻐야 분노 밑에 감춰진 진정한 감정을 만나게 됩니다.
용서, 사랑, 그리움, 애착……."

갑자기 나는 내 귀를 의심했다.
'분노 밑에 감춰진 사랑, 그리움?'
'그렇다면 내가 품고 있는 부모에 대한 분노는 사랑이란 말인가?'
나는 부모 이야기만 나오면 마치 편집증 환자처럼 반응했다.

행복여행에 들어왔던 한 사람의 사례가 소개되었다.
몇 년 전에 한국전력에서 행복여행에 매달 열 명씩 참석한 적이 있단다.
그때 아버지를 무척 미워했던 교육 담당자가 있었다.

평생 엄마 고생만 시키고 술만 먹다가

자신이 중학생 때 아버지가 세상을 떠난 것이다.

아버지에 대한 미움이 너무나 커서

큰아들인데도 장례식에 참석하지 않았다.

그토록 엄마를 고생시키시고

홀로 떠난 아버지를 용서할 수 없었던 것이다.

그뿐 아니라 직장에서도 아버지와 같은 연배는 그냥 어려웠단다.

그런데 웃다가 울다가 화내다가 밑바닥에 숨겨진 감정을 만난 것이다.

'아버지에 대한 그리움, 아버지에 대한 보고 싶음'

그 교육 담당자는 목 놓아 울었단다.

"아버지, 보고 싶어요. 보고 싶어요.

우릴 두고 그렇게 가시면 어떡해요.

효도도 못했는데……. 아버지 죄송해요.

장례식에 참석하지 못해서 죄송해요. 못난 자식 용서해주세요."

행복여행을 마치고 막걸리를 사 들고 처음으로 산소에 갔다.

"이것이 무의식에 감춰진 진짜 감정인 것입니다.

그런데 여러분 우리 마음이 풍요의식으로 열리지 않고

억지로 벌리면 반드시 트러블이 생깁니다."

약간 그런 것 같기는 하다.

내가 아는 사람은 '자기를 찾아서'류의 프로그램은

다 찾아다니며 배우는데 항상 중간에 와버린다.

이유는 하나다.

기분이 나쁘다는 것이다.

하늘웃음은 우리에게 제시했다.

"여러분, 이제 진짜 감정을 만나기 위해

풍요의식을 만들고 싶지 않습니까?

움켜쥔 것을 놓아버리고, 행복하게 사랑하며 살고 싶지 않습니까?"

"당연하지!!"

여러 사람이 큰 소리로 대답했다.

"바꿀 수 있는 것은 바꾸고, 바꿀 수 없는 것은 웃어버립시다."

우리는 풍요의식을 만들기 위해 15초 웃음운동을 선택했다.

짧은 순간에 우리의 감정이 바뀌었다.

마치 스위치의 'ON'을 누른 것처럼.

우리가 숨을 고르고 있을 때 PPT에 한 화면이 나타났다.

○○○ 총장의 송년사

건물은 높아졌지만

인격은 작아졌고

고속도로는 넓어졌지만

시야는 더 좁아졌다.

소비는 많아졌지만

기쁨은 더 줄어들었고

집은 커졌지만
가족은 더 적어졌다.

생활은 편리해졌지만
시간은 더 부족하고,
가진 것은 몇 배가 되었지만
소중한 가치는 더 줄어들었다.

공기 정화기는 갖고 있지만
영혼은 더 오염되었고
원자는 쪼갤 수 있지만
편견을 부수지는 못한다.
자유는 더 늘었지만
열정은 더 줄어들었고
세계평화를 많이 이야기하지만
마음의 평화는 더 줄어들었다.

'나는 여기에 속하지 않는다고 누가 말할 수 있겠는가?'
자살률 1위, 이혼율 1위, 저출산율 1위, 빈곤의식 1위……'
이유는? 풍요의식이 사라졌기 때문이다.

"여러분 풍요의식을 만들어보지 않겠습니까?"
하늘웃음이 '웃음'이라는 외길을 걸어온 이유도 여기 있었던 것이다.

도산 안창호 선생님이 일제강점기 때
웃음의 중요성을 말한 이유이기도 하다.
"여러분, 나라가 침울할수록 웃음운동을 펼칩시다.
마을 어귀마다 푯말을 붙입시다.
빙그레, 방그레, 벙그레 웃읍시다."
몸은 비록 남의 수하에 있어도 의식만큼은 풍요롭게 지키자는 것이다.
왜?
풍요의식은 모든 것을 다시 시작할 수 있는 에너지이기 때문이다.

"일본에서 출간 후 100만 독자를 울고 웃긴 최고의 작품
『웃음대장 할머니』에서는 가난에도 두 종류가 있다고 합니다.
불행하다고 생각하는 어두운 가난과 행복하다고 생각하는 밝은 가난.
밝은 가난 속에는 풍요의식이 남아 있는 것입니다.
이 풍요의식이 언제든지 두려움과 맞설 수 있는 힘이 될 것이고,
다시 일어날 수 있는 힘이 될 것입니다."

아직 감이 잡히지 않는 말이지만
어느새 나의 마음은 서서히 중독되어 가는 듯했다.

당당하게 열등감과 맞서야
세상과 맞선다

'그렇다면 빈곤의식은 어떤 영향을 미칠까?'

우월감, 열등감, 시기, 질투, 걱정, 불안, 두려움은 빈곤의식의 결과다.

이런 의식으로 살아왔고 그 의식으로 인간관계를 해왔으니

하는 일마다 잘될 턱이 없었던 것이다.

하지만 하늘웃음이 이제부터가 시작이라니 나에게는 희망인지도 모른다.

"여러분 이런 감정도 잘 바꾸면 에너지가 됩니다."

첫 번째 순서로 열등감을 다룬다고 했다.

"내가 남보다 낫다는 우월감도 열등감의 뿌리입니다.

열등감은 내 삶을 지배합니다."

잠시 후 하늘웃음은 자신의 열등감을 적나라하게 드러냈다.

그리고 그것이 삶을 어떻게 지배하는지도 소개했다.

"저에게도 극복하기 어려운 열등감이 있었습니다."
'보나마나 키일 것이다.'
"저는 6남매 중에 막내아들로 태어났습니다.
어머니는 돌아가시기 전까지 입버릇처럼 후회하셨지요.
'저놈 성장호르몬 주사라도 맞혀야 했는데…….'
지금이야 성장호르몬 주사가 흔하지요.
하지만 그 당시 성장호르몬 주사는 상상도 못할 가격이었습니다."

하늘웃음은 남자로서는 정말 키가 작다.
내가 처음 강의장에 들어왔을 때
그의 외모는 프로그램까지 실망하게 만들었다.
키가 작다면 덩치라도 있으면 좋으련만…….
암흑 속에서 중국을 신세계로 이끈 등소평 150cm,
제3차의 거란족 침략을 물리친 강감찬,
녹두장군 전봉준 150대cm,
나폴레옹이 157~8cm대이지만 그때는 지금과는 평균 키가 달랐다.
'아만다(아무나 만나지 않는다)' 라는 신조어까지 등장하는
21세기는 외모지상주의 세상이다.
저 키에 교복을 입혀놓으면
「은하철도 999」에 나오는 철이와 같을 것이다.

나는 혼자서 별 상상을 다 하고 있었다.

"다 큰 키가 157cm이니 중학교 1학년 때는 얼마나 작았겠습니까?"
하늘웃음은 생전 처음 교복을 입고 등교하는 날
트라우마와 같은 충격을 받았단다.
초등학생들이 손가락질하면 수군거린 것이다.
"아~ 땅꼬마 지나간다."
"야야~ 난쟁이 같지 않냐?"
"진짜 난쟁이 아냐?"
그 아이들을 혼내줄 용기가 없던 하늘웃음은 그 순간 숨고만 싶었단다.

"그때 내가 작다는 것을 확실히 알게 되었지요.
그 후로 키에 대한 열등감이 늘 나를 따라다녔습니다.
남이 나를 무시하는 것같이 느껴졌지요.
특히나 아내에게는 무시당하지 않으려고 권위를 내세웠습니다.
아무것도 아닌 일에 '나를 무시해'라며 화를 냈죠."

작은 키를 엿가락처럼 늘일 수도 없고,
성장호르몬 주사는 비싸서 못 맞았을 테고.
어떻게 극복했을까?
궁금해지기 시작했다.
그런데 너무나 시시한 답변이 나왔다.

"생각을 바꾼 것입니다."
'생각? 뭐야?'
"내가 작은 게 아니구나! 남들이 큰 것이구나!"
사람들이 하늘웃음 말에 웃었다.
나도 모르게 크게 소리를 질렀다.
"에이, 고것이나 그것이나."
"아니오. 제게는 아주 큰 차이입니다.
기준이 바뀐다는 것은 아주 큰 차이입니다."

하늘웃음이 칠판을 가리켰다.
"이 칠판은 작은 것입니까, 큰 것입니까?"
몇 사람은 작다고 말했고 몇 사람은 크다고 말했다.
"크다, 작다 말하는 것은 저마다 기준이 있기 때문입니다.
내가 가진 기준 때문에 비교가 시작되는 것입니다.
그래서 기준을 바꿀 수 있다면 생각이 바뀌는 것입니다."

어쨌든 이해는 가지 않지만 들을 만했다.
"여러분, 하늘에서부터 재면 제가 여러분보다 훨씬 큽니다."
"당연하지요!!!"
우리 모두는 자지러지게 웃으면서 100% 동감했다.
기준이 바뀌자 하늘웃음은 첫 번째로 키높이 구두를 다 버렸단다.
더 놀라운 것은 키에 대한 열등감이 사라지자

자신의 장점이 보이기 시작했다는 것이다.
"열등감이 사라지면 자신을 다른 시각에서 보게 됩니다.
그렇다면 열등감을 어떻게 극복할까요?"
빨리 정답을 듣고 싶었다.
"열등감은 인정하고 나면 사라집니다."
나를 납득시키기에는 너무나 시시한 대답이다.

"그 후로 저는 저를 이렇게 소개했습니다.
앉으나 서나 키가 같은 남자 이요셉입니다.
여러분, 더 이상 감출 것이 없으면 남이 나를 어떻게 볼까?
어떻게 평가할까?
신경 쓸 필요도 없습니다."
평생 남의 눈치만 보고 살아왔던 나에게 정말 심플한 답이다.

"여러분의 열등감은 무엇입니까?"
이제 우리의 열등감을 들춰낼 시간이다.
'내 열등감. 평생 감추고 싶은 내 열등감은 무엇일까?
소년 가장이었다는 것, 가난, 외로움, 배우지 못한 것……'
하루 종일 나열해도 모자랄 것 같았다.
아무도 모르게 무덤까지 가져가고 싶은 열등감이 수두룩했다.
그런데 그 열등감을 '나의 기준 차이'라고 말하다니 속이 거북했다.
머리로는 이해할 것 같은데 가슴으로는 받아들일 수 없는 말이다.

'어떻게 그것이 나의 기준 차이인가?
눈으로 보이는 객관적인 환경의 차이지.'
기준 차이라고 아직은 인정하고 싶지 않았다.
많은 사람들이 나와 같이 멍 때리고 있는 것을 눈치챘는지
하늘웃음이 한마디 했다.
"내 탓으로 돌리기에는 변명거리가 없어지는 것 같아
받아들일 수가 없지요?
그토록 싫은 나의 모습이 내 책임이라면
무엇으로 위로받는다는 말입니까?
하지만 여러분, 인정하지 않으면
열등감의 뿌리는 여전히 변명거리가 될 것입니다."

"남자라면 인정받고 싶은 게 욕구인데 그것도 마찬가지입니까?"
누군가 용기를 내어 물었다.
"남자가 가진 당연한 요구이지요.
하지만 인정 못 받았을 때 내가 힘들다면 열등감이지요."
그렇다.
어떤 사람은 인정받지 못해도 아무렇지도 않다.
하지만 나는 인정받으려고 애를 썼다.
나는 잠을 잘 때도 휴대폰을 머리 위에 두고 잠을 잔다.
이유는 하나다.
문자가 오거나 전화가 오면 빨리 받아야 하기 때문이다.

나는 은근히 친구들에게 이런 말을 듣고 싶어 했기 때문이다.
"역시 철이는 없어서는 안 될 친구야."
나는 야밤에도 내가 필요하다면 달려가는 사람이었다.
비록 내 몸이 지치고 쓰러질지언정……
인정에 목말라 'NO'를 못하는 사람
이제는 이런 내가 정말 싫다.

'그렇다면 어떻게 해야 열등감을 극복할 수 있을까?'
하늘웃음은 성경에 나오는 38년 된 병자의 예를 들었다.
하루는 예수님이 병자에게 물었다.
"너는 낫기를 원하느냐?"
당연히 낫기를 원하는 것이 병자의 소원일 텐데
예수님은 왜 물었을까?
하늘웃음이 명쾌하게 그 이유를 설명했다.
"많은 사람들이 낫기를 원하지 않습니다.
왜? 그것이 자기의 충분한 변명거리가 되기 때문입니다."
'엥? 뭔 소리?'

"많은 사람들이 문제를 해결하고자 상담하러 옵니다.
정작 해결할 시간이 되면 상담을 중단하는 경우가 많습니다.
그 문제로 위로를 받아왔고 남들로부터 동정을 받아왔기에
아이러니하게도 그것을 포기할 수 없는 것입니다.

그래서 예수님은 38년 된 병자에게 물은 것입니다.
정말 낫기를 원하느냐?"

그 말은 내 생각을 뒤집는 충격적인 말이었다.
이렇게 사는 것을 부모 탓으로 돌리는 것이
변화보다 더 좋았다는 말인가?
맞는 것 같기도 하고, 안 맞는 것 같기도 하고, 머리가 혼란스러웠다.
정말로 내가 변화를 원하는 건지
세상을 나답게 다시 살고 싶은 건지도 의심스러웠다.
하지만 더 이상 이렇게 사는 것이 싫다.

달리 디자인하면
새 길이 보인다

하늘웃음은 자신의 열등감을 해소하기 위해 매일매일 웃어젖혔단다.
100일 동안 죽어라 웃다 보니 어느 날 이런 마음이 들었다.
'나도 괜찮은 놈이네.'
'비록 키는 작아도 있는 모습 그대로 괜찮은 놈이네.'
하늘웃음은 그때 알았단다.
'나 자신을 바꿀 수 있는 가장 빠른 방법이 웃음이구나!'

"여러분, 웃을 수 있다면 기준을 바꿀 수 있는 힘도 생깁니다.
여러분, 웃을 수 있다면 자신의 장점이 보이기 시작합니다."
100일을 웃고 난 뒤 태어나서 처음으로 자기 장점을 종이에 써봤단다.

작은 키의 장점이 수두룩하게 많았다.

① 키가 작으니 비도 늦게 맞는다.
② 하늘에서 재면 가장 크다.
③ 아동복도 입을 수 있다.
④ '머리 조심'이라는 푯말에 구애받지 않는다.
⑤ 땅에 돈이 떨어지면 가장 먼저 주울 수 있다.
⑥ 세발자전거도 탈 수 있다.
⑦ 몸이 가벼우니 점프 실력이 대단하다.
⑧ 학생 요금을 내고 버스를 탈 수도 있다.
⑨ 한 침대에 우리 네 식구가 다 잘 수 있다.
⑩ 첫인상에 기대가 낮으니 조금만 잘해도 좋은 피드백을 받는다.

우리는 한참을 배꼽을 잡고 웃었다.
'키가 작으면 비를 세게 맞을 수 있고,
키가 작으면 맞는 옷 사기가 무지 힘들겠고,
땅에 돈이 떨어졌는데 다리 긴 놈이 와서 밟으면 허사고…….'
순간적으로 나의 부정적인 뇌는 단점을 찾기에 급급했다.
37년을 이렇게 살아온 것이다.
하루아침에 바뀌지는 않을 것이다.
하지만 태어나서 처음으로 내 장점을 쓰고자 노력했다.
무척 힘든 작업이었지만 시키는 대로 해보기로 했다.
쓰고 나니 마음이 가벼워지기 시작했다.

아직 내가 '괜찮은 놈'으로 보이지는 않지만
이런 면도 있나 하는 생각이 들었다.

우선 부정적인 면을 쓰라고 했다.
쓸 것이 너무나 많았다.

① 나는 가진 것이 없다.
② 나는 엄마도 아빠도 없다.
③ 부모님 얼굴이 생각나지 않는다.
④ 나는 하는 일마다 안 된다.
⑤ 내 주위에는 힘든 사람만 많다.
⑥ 웃을 일이 있어야 웃지.
⑦ 행복은 가진 것이다.
⑧ 아버지가 죽도록 밉다.
⑨ 자신감이 없다.
⑩ 가면을 잘 쓴다.
⑪ 여자들이 나를 안 좋아한다.

그 옆에 재해석을 하라고 했다.
부정적인 면은 100가지를 더 쓸 것 같은 반면
재해석을 하라니 머리가 마비된 듯했다.
1번에서 헤매고 있으니 옆 사람이 이렇게 쓰라고 했다.
"그래서 시작이잖아."

① 나는 가진 것이 없다. → 그래서 이제부터 시작이다.

② 나는 엄마도 아빠도 없다. → 나 말고도 그런 사람 많다.

③ 부모님 얼굴이 생각나지 않는다. → 잘 모르겠음.

④ 나는 하는 일마다 안 된다. → 좋아하는 일을 못 만났을 뿐이다.

⑤ 내 주위에는 힘든 사람만 많다. → 내가 도와줄 사람이 많다.

⑥ 웃을 일이 있어야 웃지. → 웃어야 웃을 일이 생기지.

⑦ 행복은 가진 것이다. → 행복은 선택이다.

⑧ 아버지가 죽도록 밉다. → 잘 모르겠음.

⑨ 자신감이 없다. → 자신감은 키우면 된다.

⑩ 가면을 잘 쓴다. → 연기력이 대단하다.

⑪ 여자들이 나를 안 좋아한다. → 내가 먼저 좋아하면 된다.

한숨이 절로 났다.

커다란 인생의 숙제를 한 기분이다.

부모에 대해서는 아직 용서할 수 없지만 말이다.

하늘웃음은 좋은 대답이든 아니든 우리 노고에 격려를 아끼지 않았다.

"고생하셨네요.

우리 모두는 자신을 새롭게 디자인할 디자이너들입니다.

아직 부족할지라도 괜찮습니다."

이제부터 달리 보려는 시각만 있으면 된다며

일본 코미디언 시마다 요시치 이야기를 했다.

요시치는 어느 날 성적표를 받아 와서 할머니에게 말했다.

"할머니 미안해요. 영어 10점, 역사 10점, 과학 30점, 국어 50점이라서."
그러자 할머니는 이렇게 말했단다.
"모두 합치면 100점이네. 0점만 아니면 되는 거야."
열등감을 달리 볼 수 있는 눈만 있다면 성장 가능성은 충분하다.

관점 변화를 위해 한국웃음연구소의 예를 들었다.
"가정 형편이 어렵고, 게임에 몰두하고, 공부에 관심 없는 아이들 50명을 모아 2박 3일 행복여행을 무료로 진행했습니다. 스스로 인생 실패자라고 생각하는 아이들이었지요.
하루 동안 신나게 놀게 한 뒤 질문을 했습니다.
'여러분, 공부를 못하면 어떤 좋은 점이 있을까요?'"
학생들은 잠깐 주춤거리더니 곧바로 자신의 장점들을 찾기 시작했다.

① 책이 깨끗해서 다시 팔 수 있어요.
② 공부를 못해서 선생님이 신경도 안 써요.
③ 수업 시간에 마음 놓고 잘 수 있어요.
④ 뭐 한 가지만 잘해도 엄청 칭찬 들어요.
⑤ 마음 놓고 친구들과 놀 수 있어요.
⑥ 올라갈 성적만 남았어요.
⑦ 공부 때문에 자살할 염려는 절대 없어요.
⑧ 남들 공부할 때 우리는 관계 맺기를 잘해요.
⑨ 우리는 경쟁할 필요가 없어요.
⑩ 우리에게는 다른 것을 배울 기회가 넘쳐나요.

나와 같은 아이들이 떠올라서 웃음도 나왔지만
나는 많은 것을 배울 수 있었다.
열등감을 인정하고 나면 그 속에서도 장점을 찾을 수 있는 것이다.
"여러분, 우리 인생에는 포기하기에 너무나 눈부신 미래가 있습니다."
왠지 조금씩 내가 괜찮은 놈이 될 것 같다.

웃어버리는 힘이
극복하는 힘이다

열등감은 하루아침에 사라지지 않는다.
하지만 열 번 치밀던 감정이 아홉 번, 여덟 번, 일곱 번으로 줄어들면
그것으로 성공이란다.
이 성공을 위해 하늘웃음이 선택한 것이 바로 '웃음'이다.
"여러분, 우리는 누가 넘어지는 것을 보면 소리 내어 웃습니다.
이제 자신이 넘어졌을 때는 더 크게 웃으세요.
그러면 모든 것이 사소해집니다.
큰 소리는 감정을 가장 빠르게 정화할 뿐 아니라
문제를 아주 작게 만들어버립니다.
그래서 웃음은 기분을 체인지하는 가장 탁월한 도구입니다."

연구소에서는 웃음에 관한 두 가지 이론을 정립해서 실천했단다.
첫 번째 '웃음은 선택이다.'
두 번째 '웃음은 운동이다.'
선택이고 운동이기 때문에 비가 오나 눈이 오나 할 수 있다는 것이다.
"100일 동안의 선택과 웃음운동이 세포에 젖어들게 하십시오.
세포가 3~8주를 주기로 해서 바뀌듯이
선택이 운동이 되고, 운동이 습관으로 젖어들 것입니다."

웃음치료를 만든 하늘웃음은 자신을 만들어진 사람이라고 소개했다.
고등학교 때까지 슈퍼마켓에 혼자 못 들어갈 정도로 부끄럼을 탔던 사람.
남 앞에 서면 사시나무 떨듯 떨던 사람이었단다.
자주 그리고 많이 웃기를 선택함으로써 겁을 상실한 사람이 되었고,
1997년 대한민국 최초로 웃음을 업으로 삼게 되었단다.

하늘웃음이 웃음치료를 하게 된 계기는 만남이었다.
"여러분, 누구를 만나느냐는
어떤 사람이 되느냐에 아주 중요한 역할을 합니다.
첫 번째 만남은 중학교 때였습니다.
친구 집에 놀러 가서 웃고 있는데
갑자기 친구 어머니가 방문을 확 열었지요.
그러더니 하신 말씀.
'아야~ 요셉아, 네 웃음소리 육백만 불짜리데이 속이 다 후련하다카이.'

그 후로 그 친구 집에 자주 놀러 갔습니다.
그리고 칭찬 듣고 싶어서 더 크게 더 많이 웃었지요.
잘 웃는 것 한 가지만으로도 충분히 나를 만들어갑니다."

두 번째 만남은 아내란다.
"어떤 여자도 저를 좋아하지는 않더군요.
키가 작아서 장가도 못 가는 줄 알았습니다.
그런데 그런 저를 좋아하는 눈 삔(?) 여자가 있더군요.
지금 살고 있는 제 아내입니다.
대학 시절 한 여자가 제 웃음소리를 듣더니
남자답다며 홀딱 빠진 것입니다.
안동에 사시는 제 어머니에게 인사 가던 날이
지금도 생생하게 기억납니다.
제 아내를 보니 어머니가 맨발로 뛰어나오더군요.
그러고는 결혼할 사람의 손을 꼭 잡고 이렇게 말했지요.
'야야~ 고맙데이~ 나는 야가 결혼 못할 줄 알았다카이.'
잘 웃는 것만으로도 이렇게 팔자가 바뀝니다.

웃음치료에 근간을 이룬 것은 세 번째 만남이었습니다.
1997년 1월 첫 직장으로 암 전문 병원에 들어갔습니다.
대졸이지만 고졸 월급을 받으면서
잡일을 하던 저에게 기회가 주어졌습니다.

잘 웃는 저를 눈여겨본 상사 한 분이
'대체의학' 파트를 만들어서 상담을 맡겼습니다.
환자분들 즐겁게 해주고 상담해주는 것이 저의 일이었습니다.
암 환우분들을 상담하면서 한 가지를 알게 되었지요.
'얼굴이 밝은 사람은 암도 잘 극복하는구나!'
그때부터 저는 고민하게 되었답니다.
'어떻게 하면 환자분들을 웃게 만들 수 있을까?'
잘 웃기만 해도 인생을 황홀하게 만드는데,
잘 웃기만 해도 면역체가 활성화되는데…….
그래서 시작한 것이 웃음치료였습니다."

1997년 하늘웃음은 병원에서 암 환우분들을 모시고 캠프를 가게 되었다.
손뼉 치며 웃고, 밥 먹으면서 웃고,
잠자기 전에 웃고, 일어나서 웃고, 함께 웃고 또 웃고.
그러던 중 놀라운 기적이 벌어졌단다.
면역체 3천을 넘지 못하던 대장암 말기 환자분이 웃고 난 후
5일 만에 정기검진 결과 정상 면역 수치인 5천4백이 나온 것이다.
그 일은 하늘웃음이 '웃음'을 업으로 삼는 계기가 되었단다.
 본격적인 웃음운동을 시작한 것이다.

"'거울은 절대 먼저 웃지 않는다. 내가 먼저 웃고 전염시키자.'
죽어라고 혼자서 미친 사람처럼 웃었습니다.

결국 세상은 미친 사람에 의해 만들어지고 돌아가더군요.
이렇게 웃음치료가 문화가 될 줄 누가 알았겠습니까!
여러분도 저를 따라 웃어보시겠습니까?"
우리 교육생은 웃음에 미친 사람처럼 따라 웃었다.
시키는 대로 오른손 주먹으로 명치를 두드리며 웃었다.
명치는 제2의 심장 '태양신경총'이라고 불리는 곳으로
면역 활성화에 가장 좋은 자리란다.
"하~ 하하 하하하~"
"하~ 하하 하하하~"

남들은 잘도 따라 하는데 약간 옆 사람 눈치가 보였다.
'내 웃음소리를 저 사람이 싫어하지는 않을까?'
'입을 크게 벌리면 옆 사람에게 냄새가 나지 않을까?'

하지만 옆 사람의 어색한 웃음을 보니 나도 모르게 웃음이 터져 나왔다.
'피식' 한 번 웃고 나니 어색함이 조금은 사라졌다.
자연스럽게 손뼉 치며 자지러지게 웃기가 편해졌다.
잠시 웃었을 뿐인데 왠지 속이 시원해졌다.

"여러분, 세상에서 가장 즐거운 한 단어는 무엇일까요?"
"하."
"그럼 두 단어는?"
"하하."
"세 단어는?"
"하하하."
"그렇다면 열 단어는?"
"하 하하 하하하하하하하~"
우리는 바깥 풍경을 보면서 웃었고,
옆 사람을 보며 웃었고,
심지어 바지를 보며 웃었고,
하늘을 보며 길게 웃었다.

"여러분, 길게 웃어야 오장육부가 좋아지고 다이어트에 좋습니다."
어느새 우리는 종교 집단처럼 웃음에 세뇌되고 있었다.
"복이 와야 웃는 게 아니라, 웃으면 복이 옵니다.
행복해서 웃는 게 아니라 웃기 때문에 행복한 것입니다."

우리 쉰다섯 명에게는 새로운 신념들이 자리 잡기 시작했다.
'웃음은 선택이다.'
'웃음은 운동이다.'

아무 조건 없이 웃는 웃음이 우리를 행복하게 만들었다.
"여러분, 오만 가지 생각을 멈추면 행복해집니다."
"하 하하 하하하~"
웃음은 우리를 단순하게 만들었다.
또다시 박수 치며 박장대소했다.
그리고 우리에게는 한 가지 느낌밖에 없었다.
'아 행복하다.'
느낌에 충실하니 어느 때보다 행복했다.

실컷 웃고 나서 우리는 짝꿍을 바꿔 서로의 감정을 나눴다.
그런데 짝꿍이 나에게 핀잔을 주었다.
"해피바이러스 님은 억지로 웃는 것 같아요. 웃음소리가 이상해."
'이 충격적인 말.'
다른 때 같았으면 그 말이 나에게 크게 다가왔을 것이다.
그리고 두 번 다시는 웃지 않았을 것이다.
하지만 어떤 힘인지 나도 모르게 이렇게 대답했다.
"이렇게 해서라도 웃지 않으면 안 돼요. 억지로라도 웃어야 살아요."
하늘웃음의 말이 실감이 난다.

'웃음은 선택이다.'

아~ 행복한 시간이다.

웃음이라는 행동치료는 나의 인지를 새롭게 만들어가고 있었다.

인지를 통해 내 행동을 바꿀 수도 있지만

행동을 통해 인지를 바꾸는 것이 웃음치료이다.

윌리엄 제임스는 말한다.

'생각이 바뀌면 행동이 바뀌고, 행동이 바뀌면 습관이 바뀌고
습관이 바뀌면 인격이 바뀌고, 인격이 바뀌면 운명까지 바뀐다.'

하늘웃음은 말한다.

"생각을 쉽게 바꾸려면 소리 내어 웃으세요.

하 하하 하하하~

생각을 바꾸는 것이 바로 웃음입니다."

운을 바꾸는 뿌리라는 것이다.

어린 시절 많이 봤던 찰리 브라운 만화가 생각난다.

어깨가 축 처진 찰리 브라운에게 친구가 물었다.

"왜 그래?"

"나는 지금 우울을 만끽하는 거야."

"우울?"

"그래 우울. 우울을 맛보려면 절대 두 가지를 해서는 안 돼.

첫째, 어깨를 펴서는 절대 안 돼.

둘째, 고개를 들어서도 안 돼.
어깨를 펴거나 고개를 들면 우울이 사라지거든."

37년 동안 찰리 브라운의 우울을 만끽했던 나에게
좋은 일이 일어날 건덕지도 없었던 것은 당연한 일이었다.
하지만 이제는 웃음을 선택하련다.
15초 크게 길게 웃으려면 우울과는 반대의 자세를 취해야 한다.
어깨를 펴고 고개를 들어야만 기도가 열려 웃을 수 있다.
"하 하하 하하하."
에너지가 위로 솟는 기분이다.

"여러분, 웃고 나면 밝은 에너지가 생기고
그 에너지는 기회를 만들어갑니다."
이렇게 웃고 난 하늘웃음에게 어느 날 사업 제의가 들어왔단다.
"투자는 내가 다 할 테니 소장님들이 운영만 맡아주시지요."
"외모도, 학벌도 그저 그렇고, 백도 없는데…… 왜 저와 아내에게……?"
그 이유를 물었단다.
"단 하나입니다. 소장님들은 잘 웃어서 에너지가 너무 좋습니다."
틀림없이 좋은 일이 생긴다는 것이다.

하늘웃음은 우리를 정면으로 바라보며 말했다.
"잘 웃는 것만으로도 우리 팔자가 바뀝니다."

제가 그랬던 것처럼,

일용근로자에서 선박왕이 된 오나시스가 그랬던 것처럼.

선박왕 오나시스는 말합니다.

'기회란 와이키키 해변에 밀려오는 파도와 같은 것이다.'

뭐가 그렇게 만들었다고요?"

"웃음!"

우리는 박장대소하며 신나게 웃는 것으로 이 시간을 마무리했다.

웃음은
큰 대가를 치르지 않고서도
많은 것을 이루어 냅니다.

웃음은 받는 이의 마음을 풍족하게 해주되
주는 이의 마음은 가난하게 만들지 않습니다.

웃음은
가정에서 행복을 꽃피우고
직장에서 호의를 베풀어주며
친구 사이에는 우정의 증표가 되어줍니다.

웃음은
지친 사람에게는 안식이요,
낙담한 사람에게는 격려이며,
슬픈 사람에게는 희망의 빛입니다.

그러나 웃음은 돈을 주고 살 수도, 구경할 수도 없으며
빌리거나 훔칠 수도 없습니다.
왜냐하면 웃음은
대가 없이 줄 때에만 빛을 발하기 때문입니다.

- 데일 카네기

첫째 날-두 번째 시간 **2** **변화할 공간 만들기**

환한 모습으로 변화

웃음은 최고의 관상이다

'행복으로 초대' 시간이 마무리되고
15분 휴식을 갖고 나서 두 번째 오전 수업이 진행되었다.
'환한 모습으로 변화'는 자유로운 분위기에서 시작되었다.

한 바람둥이가 두 명의 여인과 사귀다가 간통죄로 법정에 섰다.
판사는 그 여인들을 이해할 수가 없었다.
왜 이 바람둥이를 좋아할까?
조사 결과, 이유는 딱 한 가지였다.
'너무나 잘 웃어서.'

잘 웃으면 어디서 본 듯 친숙하고,

성실해 보이고 착해 보인다는 심리적 만족감을 준다.

우리는 영구처럼 양손 엄지손가락을 추켜세우고 인사했다.

"띠리리리~ 잉~"

바보처럼 웃어댔다.

바보 중에는 암 환자가 없다는 말이 사실인 것 같다.

이렇게 행복한데 병에 걸릴 일이 없는 것이다.

또 하나의 설문 조사 결과가 소개되었다.

"LA폭동이 일어났을 때 가장 큰 피해를 입은 사람이 누구였을까요?"

바로 한인들이었다.

그 이유를 미국 심리학자들이 연구한 결과는 이렇다.

강도가 가게에 들어가 범행을 저지르려고 할 때

점원이 "Hi"라고 인사하면 강도는 주춤한단다.

'나 같은 것을 반겨주다니 저질러, 말어?'

심리적으로 갈등하게 된다.

하지만 왔거나 말거나 쳐다보지도 않고 무심하면

품은 뜻을 그대로 실행한단다.

그래서 LA폭동 때 한국 사람이 가장 많은 피해를 봤다는 것이다.

웃지 않으니까 자신을 무시한다고 심리적으로 느끼는 것이다.

하늘웃음이 옆 사람을 보란다.

"여러분, 옆 사람 얼굴을 보며 말해보세요."

우리는 옆 사람의 얼굴을 보며 하늘웃음을 따라 했다.

"당신의 얼굴은 복바가지군요."

"당신의 얼굴은 복바가지군요."

"당연하지!!!"

"당연하지!!!"

"당신 얼굴을 보니 밥맛이 좋네요."

"당신 얼굴을 보니 밥맛이 좋네요."

"당연하지!!!"

"당연하지!!!"

앵무새처럼 따라 하면서도 웃음보가 터졌다.

진작에 피웠어야 할 웃음꽃이 우리 얼굴에 환하게 피었다.

웃음꽃이 피어 있는 우리를 향해 편지 한 통을 소개했다.

1년 전 행복여행에 참가한 젊은이가 보낸 것이란다.

저는 외고를 수석으로 졸업했습니다. 그리고 K대를 졸업했습니다.

행복여행을 오기까지 2년이 넘도록 취업을 못했습니다.

이력서를 스무 곳이나 제출했지만 면접에서 다 떨어졌습니다.

하루하루가 우울했지요.

마지막으로 제출한 곳은 아빠 친구가 임원으로 있는 KO&O.
인맥으로 들어갈 수 있는 곳이었지요.
그런데 또 떨어지고 말았습니다.
왜 나를 떨어뜨렸을까?
분노가 치밀더군요.
'도대체 당신들이 원하는 인재상이 뭔데?'
'이 정도 스펙이면 되는 것 아냐?'
처음에는 분노가 앞서더니 나중에는 좌절이 오더군요.

'그래 내가 그렇지 뭐? 학벌이 뭐가 필요해?
아무 짝에도 쓸모없는 것……'
떨어진 이유를 알고 싶어 아빠 친구인 부사장님께 전화를 했습니다.
"뭐가 부족해서 면접에서 떨어뜨렸습니까?"
그러자 아빠 친구는 딱 한마디 하셨습니다.
"자네는 얼굴이 너무 어두워."

그 후 저는 심한 우울증에 빠졌습니다.
1년 동안 집 밖을 나가지 않고 커튼을 치고 살았습니다.
죽음까지 생각할 정도로 좌절해 있었지요.
행복여행을 경험하신 아버지가 저를 여기에 보내지 않았더라면…….
저는 정말로 어리석고 나약한 짓을 했을지도 모릅니다.

행복여행을 경험하고 나서 저는 달라졌습니다.

우울감이 사라진 것은 물론 욱하는 폭력성도 사라졌습니다.

소장님, 소장님 덕분에 취업을 했습니다.

소장님, 제 얼굴에 책임질 수 있도록 도와주셔서 감사합니다.

이제부터는 웃음을 운동 삼아 웃음꽃을 피우며 살겠습니다.

청년의 편지를 다 읽자 두 번째 시간이 소개되었다.

"여러분, 이번 시간은 '환한 모습으로 변화',

얼굴을 성형하는 시간입니다."

그렇다.

'얼'은 '정신'을 뜻하고 '굴'은 통로,

즉 얼굴은 생각의 통로를 보는 곳이란다.

얼굴을 봐도 그 사람의 마인드를 볼 수 있다.

화이트보드에 얼굴이 두 개 그려졌다.

하나는 찡그린 얼굴, 하나는 보름달같이 웃는 얼굴.

그 밑에는 빈칸이 있었다.

(죽상), (   ), (   ), (   ), (   )

우리는 찡그린 얼굴 밑에

울상, 우거지상, 진상, 쪽바가지상이라고 채웠다.

웃는 얼굴에는 이렇게 썼다.

(복상), (복바가지상), (   )

하나는 뭔지 모르겠다.

하늘웃음은 화이트보드에 이렇게 썼다.

'자아상'

"여러분, 중국 최고의 관상학자 마의는 이렇게 말합니다.

'죽상하고는 장사도 하지 마라.'

왜일까요?

죽상, 울상, 우거지상, 진상, 쪽바가지상은 2미터 거리를 둬야 안정감이 있습니다."

프린스턴대학에서 150명을 대상으로 실험을 했단다.
50명은 찡그린 얼굴, 50명은 무표정한 얼굴, 50명은 웃는 얼굴로 물건을 파는 실험이었다.

그 결과 찡그린 얼굴로 물건을 판 사람들은 하나도 팔지 못했고,
무표정한 얼굴을 한 사람들은 목표량의 30%,
웃는 얼굴로 물건을 판 사람들은 목표량의 300%를 달성했다.
환한 모습에 친절, 성실, 신뢰뿐 아니라
성공도 숨어 있음을 알 수 있는 사례다.

내가 그동안 고객에게 물건을 잘 팔았던 이유이기도 하다.
비록 가식이었지만 말이다.
웃는 얼굴을 싫어하는 고객은 없다.
월마트가 고객의 마음을 사기 위해 썼던 전략도
'1달러 미소 전략'이었다.
상의 포켓에 1달러를 꽂고 업무를 시작하는 것이다.
찡그린 얼굴을 발견한 고객에게는
그 직원의 포켓에서 1달러를 가질 수 있는 기회를 부여했다.
이 규칙은 놀이와 해프닝을 만들어 냈다.
고객은 빼앗으러 쫓아가고 직원은 안 뺏기기 위해 도망가고
'1달러 미소 전략'이 고객의 마음을 사로잡았다.
맥도날드가 러시아 진출에 성공한 사례도 '미소 전략'이다.
여간해서 마음의 문을 열지 않는 러시아 사람들조차도
미소와 웃음에는 마음의 문을 연 것이다.

물론 미소와 웃음에는 약간의 차이가 있다.

미소는 억지로도 가능하다.
나처럼 속마음을 숨기고 서비스 차원으로도 가능하다는 것이다.
그러다 보니 미소를 지어야 하는 부담감 때문에
마음속에서 괴리감이 더 커진다.
웃음은 소리를 동반한다.
소리를 내야 하니 미소보다 몇 배나 더 어렵다.
속을 드러내 보여야 하니까.
일단 웃고 나면 감정이 정화되다 보니
아무리 큰일도 사소하게 여긴다.
즉 문제를 뛰어넘을 수 있는 감정의 탱크에 변화가 오는 것이다.

잠시 후 환한 모습으로 변화하기 위해 우리는 두 가지 작업을 했다.
하늘웃음이 "하나 둘 하나 둘" 구령을 붙이고
우리는 구령에 맞춰 80개 얼굴근육을 움직이는 작업을 했다.
"하나 둘 하나 둘……."
이어 옆 사람의 얼굴을 보며 주거니 받거니 작업을 했다.
"신나게 기쁘게 즐겁게!"
어깨를 들썩이며 말을 했다.

얼굴 바꾸기 워밍업을 마치고 나니
갑자기 활짝 웃는 돼지머리가 화면에 나타났다.
"여러분, 웃고 죽은 돼지는 얼마나 비쌀까요?"

적게는 5천 원, 많게는 3만 원이 더 비싸단다.
돈을 더 주더라도 더 잘 웃는 돼지머리를 선호한다는 것이다.
왜?
환히 웃는 돼지 얼굴을 보면 손님 지갑이 열리기 때문이다.
인정받고 나면 기분이 좋아지고 기분이 좋아지면 통이 커진다.
1만 원 꽂을 것을 2만 원, 3만 원 꽂는다는 것이다.
웃는 얼굴을 보면 사람의 마음은 한없이 관대해진다.
"여러분, 돼지머리도 표정에 따라 가치가 달라지는데
하물며 사람은 어떻겠습니까!"
우리는 '송아지' 노래에 맞춰 짝꿍 입속에 손을 집어넣었다.
"송아지 하~ 송아지 하~ 얼룩송아지 하하하~"
웃느라 난리가 났다.

얼굴이 얼얼했다.

행복했다.

옆 사람이 좋았고 예뻐 보였다.

"여러분 옆 사람이 왜 예뻐 보일까요?"

"웃어서."

"원래 예뻐서."

"돈이 많아서."

갖가지 대답이 나왔다.

"정답은 하나입니다. 내가 예뻐서, 내가 기분이 좋아서."

그렇다.

내 기분이 좋으면 세상이 좋아 보이는 것이다.

어찌 보면 세상은 내 마음의 눈만큼 보이는지도 모른다.

이제부터는 더도 말고 덜도 말고 2%만 오버하기로 마음먹었다.

운을 좋게 하려면
'1분 웃음 트레이닝'을 하라

"여러분은 운이 좋은 사람입니까?"
지금은 그렇다고 말할 수 없지만 이렇게 대답하고는 싶었다.
'여기서 운 좋은 놈으로 만들고 싶습니다.'

하늘웃음은 나폴레옹 이야기로 수업을 이어갔다.
"나폴레옹은 전쟁에서 중요한 업무를 맡길 때
반드시 상대방에게 물었다고 합니다.
'당신은 운 좋은 사람입니까?'
그러면 두 가지 부류로 나뉩니다.
지지리도 운이 없는 사람, 굉장히 운이 좋은 사람.

나폴레옹은 지지리도 운이 없다고 하는 사람은 돌려보냈다고 합니다.
왜?
그 사람의 부정적인 에너지가 전쟁을 실패로 끌고 가기 때문입니다.
반면 운이 좋다는 사람에게는 중요한 직을 맡겼답니다.
왜?
그 사람의 긍정적인 에너지가 전쟁을 승리로 이끌기 때문입니다.
그것이 나폴레옹이 백전백승한 비결입니다."

'운 좋은 놈?'
나도 이제는 운 좋은 놈이 되고 싶다는 생각이 들었다.
그렇다고 한국웃음연구소에 취직할 수도 없고…….
스무 번이나 면접에서 실패했던 청년도 연구소에 몇 개월을 출근했단다.
그 청년이 행복여행을 마친 뒤 그의 아버지로부터 전화가 왔다.
"소장님, 아이가 2박 3일 행복여행 갔다 와서 달라졌습니다.
그러니 한 달만이라도 연구소로 출근하면 안 될까요?"
"출근이오?"
"예, 월급은 필요 없으니 잡일이라도 시켜주세요."

그 당시 연구소에서는 아침마다 '웃음클럽'을 진행했다.
아침 8시 30분에 출근해서 30분 동안 웃음운동을 한 것이다.
박수 치면서 "호호 하하하" "호호 하하하" 웃는 시간이다.
청년은 아침마다 웃고 즐기는 가운데 마인드가 바뀌었고

연수원에 취직하게 되었다.

"여러분, 운은 갖고 태어나는 것이 아닙니다. 만들어가는 것입니다."
이 말이 나를 기분 좋게 만들었다.
"지금까지 운이 좋다고 생각한 사람 손들어보세요."
몇 사람이 손을 들었다.
"지금까지 운이 나쁘다고 생각한 사람?"
나를 포함한 몇 사람이 어정쩡하게 손을 들었다.
"이유가 뭐죠?"
하늘웃음은 한 여인에게 마이크를 넘겼다.

40대 초반의 '까치'라는 닉네임을 가진 사람이었다.
"저는 지금까지 운이 지지리도 없는 년인 줄 알았어요.
그래서 어린 시절에도 웃은 기억이 거의 없어요.
태어나자마자 엄마는 저를 윗목에 엎어놓고 떠나셨어요.
그러다가 일곱 살 때 엄마가 찾으러 왔지요.
행복 시작인 줄 알았습니다.
하지만 그때부터 저는 술집을 하는 엄마의 화풀이 대상이었습니다.
매일 맞고 살았지요.
'왜 그렇게 힘들게 살았어요?'라고 누가 묻더군요.
저는 그렇게 살아야 하는 줄 알았어요.
그것이 저의 숙명인 줄 알았어요.

엄마는 늘 저에게 이렇게 말했어요.
'웃지 마. 이년아. 네 년이 웃으면 재수 없으니까.'
저는 제가 재수 없는 사람인 줄 알았습니다.
그래서 웃으면 더 큰일 나는 줄 알았지요.
그런데……."
그녀는 잠시 호흡을 가다듬었다.

"그런데 여기 와서 죽어라 웃었는데 아무 일도 일어나지 않았습니다.
웃으면 무슨 일이 일어날 줄 알았는데…….
이제는 엄마 말이 틀렸다는 생각이 듭니다.
저는 운이 좋은 년인지도 모릅니다."
그녀의 말이 끝나자마자 우리는 큰 박수를 보냈다.

마이크를 넘겨받는 하늘웃음의 말에 힘이 들어갔다.
"여러분, 나만이 내 운을 만들 수 있는 것입니다.
그동안 세상이, 환경이, 부모가 나를 만들어놓았습니다.
하지만 이제는 내가 나를 만들어가는 시간입니다."
나는 나도 모르게 주먹을 불끈 쥐었다.

"여러분, 운은 여기서 만들어가는 것입니다.
행복한 사람은 행복의 말을 하고, 건강한 사람은 건강의 말을 합니다."
하늘웃음이 또다시 질문을 던졌다.

"여러분은 지금 어디에 있습니까?"
뜬금없는 질문에 내가 뜬금없이 대답했다.
"여주요."
생뚱맞은 내 답변에 모두 박수 치고 난리가 났다.
여기가 여주인 것을 모르는 사람이 어디 있겠는가?
다시 물었다.
"지금 나의 운은 어디 있습니까?"

일본 기자가 일본의 최고 갑부 사이토 히토리 회장에게 물었단다.
"회장님, 거부가 되는 비결이 뭡니까?"
회장은 이렇게 대답했다.
"행복해야 합니다. 행복해야 운이 좋아집니다."
"그렇다면 어떻게 운을 좋게 만듭니까?"
"매일 자주 많이 웃어야지요. 그래서 저는 날마다 웃습니다."

"사이토 히토리 회장도 운을 좋게 하기 위해 행복을 선택한 것입니다. 그렇다면 우리도 지금 여기서 행복을 선택합시다."
우리는 소리쳤다.
"좋습니다."

'지금'이라는 말에 나는 가슴이 설렜다.
운을 좋게 하는 작업에 들어가기 때문이다.

운을 좋게 하는 첫 번째 방법으로 '웃음 언어를 선택하라.'
스태프가 우리에게 프린트를 나눠주었다.
"1분 웃음 트레이닝?"
"이제부터 1분 웃음 트레이닝이 여러분의 웃음 언어가 되어야 합니다."
툭 치기만 해도 툭 튀어나올 정도로 암기하라는 과제가 주어졌다.

그렇다.
별똥별이 떨어질 때 소원을 빌면 그 소원이 이뤄진다고 한다.
그런데 '소원이 뭐더라?' 생각하는 순간 별똥별은 사라지고 없다.
간절하지 않기 때문에 툭 튀어나오지 않는 것이다.
이제부터 '1분 웃음 트레이닝'이
무의식에서 튀어나올 정도로 암기해야 한다.

"여러분 삶을 바꾸고 싶다면 암기하십시오.
머리에서 글씨가 보일 정도로.
그러면 이 자리가
여러분의 터닝포인트가
될 것입니다.
멋진 웃음 강사가 될 것입니다."
여기저기서 나이 드신

분들의 자신 없는 목소리가 나왔다.
"나는 웃음 강사가 안 될 건데……."
"이것을 어떻게 외워요? 눈도 침침한데……."

하늘웃음은 게임을 제안했다.
"이제부터 조별로 외웁니다.
그리고 가장 잘하는 조에게 해피머니 50장을 드리겠습니다."
해피머니를 가장 많이 모은 조가 마지막 날에 최고의 시상을 받는다.
해피머니 50장이라는 말이 떨어지기 무섭게 여기저기서 난리가 났다.
조금 전에 불평하던 어르신들도 암기에 최선을 다했다.
역시 선물에는 누구나 약한가 보다.

우리는 남에게뿐 아니라 자기 자신에게 웃음 강사가 되어야 한다.
국민 한 사람 한 사람이 이 나라를 만들어가는 것처럼
이 나라의 기를 살려 행복문화를 만들어가야 할 사람은 바로 나다.
그래서 여기에 온 사람만큼은
남녀노소 누구나 웃음 전도사가 되어야 한다.

드디어 '1분 웃음 트레이닝'이 시작되었다.

"여러분, 웃음이 건강에 좋은 거 다 아시지요?
건강 웃음에는 세 가지 원칙이 있습니다.

우리의 건강과 행복을 위해 저를 따라 해보세요.

첫째, 크게 웃는다.
크게 웃으면 자신감이 생깁니다.
저를 따라 해보세요.
하 하하!
정말 잘하십니다.

둘째, 길게 웃는다.
길게 웃으면 심폐 기능이 좋아지고 신체가 활성화됩니다.
저를 따라 해보세요.
하 하하 하하하하~
정말 잘하십니다.

셋째, 배와 온몸으로 웃는다.
배와 온몸으로 웃으면 다이어트에 좋고 오장육부가 튼튼해집니다.
저를 따라 해보세요.
하 하 하하하~
박수를 치며 웃습니다.
정말 잘하십니다."

1분 웃음 트레이닝을 다 같이 합창하고 나서

이것을 암기해서 인생을 바꾼 여러 사례가 소개되었다
삼성경제연구소에서 21세기 인재상을 뽑았다.
'유머 있는 사람' '웃길 줄 아는 사람'이다.

그러자 몇몇 기업 면접시험에 '너 나 웃겨봐'가 등장했다.
대표적인 곳이 하이마트다.
개그맨도 아니고 황당한 면접시험에 황당하게 우수수 떨어졌다.
그때 한국웃음연구소 행복여행 출신인 사람이
'1분 웃음 트레이닝'을 선보였단다.
심사위원들이 따라 했고, 결과는 합격.

또 한 회사는 지금도 웃음경영을 하고 있는 '서린바이오 사이언스'다.
전 직원이 한국웃음연구소 '웃음 트레이닝' 자격증을 소지했고,
1분 웃음 트레이닝을 습관화했다.
심지어 외국 바이어를 만날 때도
1분 웃음 트레이닝을 협상의 무기로 삼았다.
한 번 웃고 나면 고객은 내 편이 되기 때문이다.
생판 모르는 사람일지라도 한 번 같이 웃고 나면
어디서 많이 본 것같이 친근감을 느낀다.
그래서 최고 동기부여가 브라이언 트레이시가 이렇게 말했으리라.
'성공은 인간관계가 결정한다.
그런데 인간관계는 얼마나 잘 웃느냐가 결정한다.'

이런 사례를 듣다 보니 돈만 좇던 내가 조금은 한심스럽게 느껴졌다.
'돈은 따라오게 만들었어야 하는데'라는 생각도 들었다.
나는 이 시간을 통과하면서 굳게 다짐했다.
'그래 웃음을 내 인생의 무기로 만들자.'

매일매일의 삶은 '웃음 10계명'이 정답이다

1. 크게 웃어라. (자신감이 올라온다.)
2. 억지로라도 웃어라. (우리 뇌는 실상과 가상을 구분하지 못한다.)
3. 일어나자마자 웃어라. (아침 웃음은 보약 10첩과 같다.)
4. 시간을 정해놓고 웃어라. (긍정정서의 시작이다.)
5. 마음까지 웃어라. (감정 정화의 시작이다.)
6. 즐거운 생각을 하며 웃어라. (마음까지 웃게 된다.)
7. 함께 웃어라. (33배의 효과가 있다.)
8. 힘들 때 더 웃어라. (극복할 힘이 생긴다.)
9. 한 번 웃고 또 웃어라. (웃음은 운동이고 습관이다.)
10. 꿈을 이뤘을 때를 상상하며 웃어라. (하는 일마다 잘될 것이다.)

"한국웃음연구소가 13년 전에 만들어 전파한 '웃음 10계명'입니다. 여러분 첫 번째, 크게 웃으십시오."

하늘웃음은 선창했다.

"하 하하!"

"하 하하!"

"정말 잘하십니다. 단전에서 소리가 올라오면 자신감이 생깁니다."

옛날 장수들은 적장을 마주하면 일단 크게 웃었다고 한다.
왜 장수들은 크게 웃었을까? 두려웠기 때문이란다.
내가 이기면 상대는 죽음이고 상대가 이기면 내가 죽는 게 전쟁이다.
어찌 보면 인생도 전쟁터와 같다.

남의 말에 휘청거리는 세상, 남과 싸워서 이겨야 하는 세상
이제 그 세상과 이별하기 위해서는 나를 다스릴 무기가 필요하다.
나를 극복할 수 있는 무기, 남과 함께 살아갈 무기.
그것이 웃음이다.

우리는 마치 장군이 된 것처럼 어깨를 펴고 배에 힘을 주고
오른손을 앞으로 뻗고 날숨을 이용하여 힘차게 웃었다.
크게 웃고 나니 겁을 상실한 듯했다.
"여러분, 저 또한 살다 보면 순간순간 두려움이 올라옵니다.
그럴 때 크게 한 번 웃어보세요. 까짓것 하 하하 하하하."
우리는 단전에서 소리가 나올 정도로 크게 웃었다.

"둘째, 억지로라도 웃으십시오.
우리의 뇌는 실상과 가상을 구분하지 못합니다.
억지로라도 웃으면 우리의 뇌는 활성화됩니다."
15초 동안 왜 억지로 웃어야 하는지를 한 가지 실험을 통해 배웠다.
손에 가상의 레몬을 들고 껍질을 벗겨서 한 입에 꿀꺽
"캬~" 침이 꿀꺽 넘어갔다.
"흉내만 내도 우리 뇌는 반응합니다."
즉 우리가 고개를 숙이고 어깨만 처져 있어도
그에 맞는 호르몬이 분비된다는 것이다.
반대로 고개를 들고 어깨만 활짝 펴도 우리 몸의 에너지는 바뀐다.

최근 미국에서 이색적인 연구 결과가 나왔단다.
슈퍼맨 자세만 취해도 자신감이 올라온다는 것이다.
양손을 허리에 대고 자신 있게 선 자세
팔짱을 끼고 똑바로 선 자세
주먹을 쥐고 하늘을 나는 자세
자세에 따라 감정이 전환되기 때문이다.
이와 같이 억지로 웃어도 뇌를 속일 수 있다는 것이다.
우리는 배를 잡고 15초 이상 길게 웃음 연습을 했다.
한 번 웃으면 650가지 근육 중에 231가지가 움직인다고 하니
웃음은 전신운동인 셈이다.

"셋째, 일어나자마자 웃으십시오.
왜 아침에 웃어야 하는지 아십니까?
아침의 기분이 하루를 좌우하기 때문입니다."
하늘웃음은 몇 년째 아침마다 전화로 웃는단다.
"아침이면 세 명의 웃음친구에게
7시 30분, 8시, 8시 15분에 전화가 옵니다.
그 친구들과 전화로 15초 웃고 나면 행복은 절로 옵니다."
'그래서 아침에 무엇을 선택하는지가 그렇게 중요하구나!'
나는 아침에 일어나면 제일 먼저 한숨부터 쉬었다.
'오늘도 또 시작이군.'
지금 생각하니 정말 나는 아침부터 빈곤한 사람이었다.

"넷째, 시간을 정해놓고 웃으십시오."

하늘웃음은 한 여성에 관해 이야기했다.

폐에 힘이 없어 잘 웃지 못하는 폐암 환자였다.

그분은 매일 시간을 정해놓고 웃기를 선택했다.

휴대전화에 알람을 설정하고 그 시간마다 웃음을 선택한 것이다.

그러다가도 가족들이 전화기를 붙들고 울어대면

그녀도 감정에 휘둘렸단다.

"아가야, 어떻게 하니?"

"우리 언니 불쌍해서 어떻게 해?"

가족들의 울음은 위로가 아니라 마음을 더 가라앉게 만들었다.

고통에 휘둘리지 않으려면

즐거움으로 고통을 활용하는 법을 익혀야 하기에 시작한 것이

웃음치료에서 배운 '시간을 정해놓고 웃기'였다.

하루는 그녀의 남편이 하늘웃음에게 전화를 했단다.

"소장님, 아내가 시간마다 정해놓고 웃더니 드디어 미쳤나 봐요."

"왜요?"

"항암 치료를 하고 나면 힘이 난다고 그날 등산을 가요. 하 하하하하."

오만 가지 흔들리는 감정을 한순간에 잡을 수 있는 것이

시간을 정해놓고 웃는 것이다.

"다섯 번째로 마음까지 웃으십시오.

여러분은 언제 기쁘셨습니까?"
하늘웃음 질문에 여기저기서 대답했다.
"남편이 보너스 받았을 때요."
"첫아이를 낳았을 때요."
"남편이 출장 갈 때요."
여기저기서 익살스런 대답들이 나왔다.
"본인이 즐거운 때를 생각하며 30초 동안 길게 웃겠습니다."
"하 하하 하하하~"
30초 웃다 보니 진땀이 흘렀다.

그리고 5단계 웃음을 연습했다.
1단계 일단 미소를 짓고,
2단계 작게 소리 내어 웃었다.
3단계 손뼉 치며 "그래 맞아" 맞장구를 치며 웃었고,
4단계 손뼉을 치며 몸을 앞뒤로 움직이며 웃었다.
마지막 5단계 괄약근을 조이면서 호흡을 들이마신 뒤
5초 참았다가 뱉어 내며 웃었다.
우리는 옆 사람을 때려가며 웃었다.
한 번 웃고 났을 뿐인데 옆 사람이 허물없는 친구 같았다.
그래서 인간관계론의 대가 카네기가 말했나 보다.
'웃음은 가장 가까운 사이를 만들어준다'고.

우리는 숨을 깊이 들이마시다가 뱉어 내면서 이렇게 말했다.
"아~좋다~ 아~ 좋다."
마지막으로 꿈을 이뤘다고 상상하며 웃었다.

"여러분 꿈이 있습니까?"
'꿈? 꿈이란 단어를 잊은 지 오래다.'
만약 요술램프의 지니가 나와서
"주인님 소원을 말해보세요"라고 묻는다면
나는 말할 수 있는 꿈이 있는가 하는 생각이 들었다.
"꿈은 꿈틀꿈틀의 약자입니다.
심장을 뛰게 하는 것이 꿈입니다.

그런데 꿈꿀 때도 행복하지만 언제 더 행복한지 아십니까?"
"……."
"이뤘을 때를 상상하면 행복은 배가됩니다."

웃음치료를 처음 할 때 하늘웃음은 사람들에게 선포하고 다녔단다.
"저 책 낼 거예요. 저 TV에 나올 거예요."
"그러다가 실없는 사람 되면 어떻게 해? 다 이루고 말해도 안 늦어."
하늘웃음의 아내는 꽁무니를 쫓아다니며 옷깃을 잡아당겼단다.
"여러분, 그때 말하면 늦습니다. 꿈은 당겨오는 것이기 때문입니다."
당기는 힘은 강력하다는 것이다.
행복여행 35기 출신 중에 여수에서 보험대리점을 하는 사람이 있었다.

그는 600명 중에 5등을 할 정도로 보험 영업을 잘했다.
그런데 내면까지 다루는 한국웃음연구소 웃음치료를 받고 나서
기적이 일어났다.
행복여행을 마치고 나서 꿈을 이뤘을 때를 상상하며 웃었단다.
그 결과 6개월 만에 2만8천 명 중에
한 상품에서 정말로 1등을 한 것이다.

"여러분, 꿈꿀 때 행복하지만
그것이 이뤄질 것을 상상하며 웃으면 배로 행복합니다."
나는 갑자기 실없는 엉뚱한 생각을 했다.
앞으로 복권을 사야겠다는 생각.
그것도 월요일에 사야겠다는 생각을 했다.
왜?
당첨될 것을 생각하면 토요일까지는 행복할 테니까.

역시 하늘웃음은 길거리에 자리를 깔아도 될 것 같다.
"여러분, 복권은 하지 마세요.
그것은 축복이 아니라 망하는 지름길입니다."
'자기 분수보다 많은 돈이 들어오면 패가망신한다고?'
그래도 한 번이라도 돈벼락을 맞아보고 싶다.
하 하하하하~어쨌든 기분이 좋다.

인사는 인생을 바꾸는 기본 전략이다

'꿈'이라는 주제가 제시되고 점심시간을 가졌다.
1시까지 강당에 모여야 한다.
어디를 가도 이렇게 수다스런 어른들은 없을 것이다.
우리는 마치 쇠똥을 봐도 웃어대는 10대들처럼 식사를 했다.
쉬는 시간은 어찌나 빨리 지나가는지 벌써 시작종이 울렸다.
'빙고' 음악이 들리면 화장실에 있다가도 달려와야 한다.
어느새 순간순간이 기다려졌다.

이번 시간은 뭘까?
시간마다 기대가 된다.

다음 시간이 무슨 시간인지 모르기 때문에 더 기대가 되었다.
어찌 보면 앞날이 안 보이기 때문에 두렵지만
안 보이기 때문에 인생이 설레는지도 모른다.

재미있는 유머로 수업이 시작되었다.

한 남자가 인생이 불공평하다며 기도했습니다.
하나님, 우리 부부의 성별을 바꿔주세요.
그러자 하나님이 대답했습니다.

"오케이, 내일 아침이면 성별이 바뀌어 있을 것이다."
남자는 신이 났습니다.
낼 아침에 출근 안 해도 되고 늦잠을 자도 되고…….

그런데 이게 웬일입니까.
회사 출근할 때보다 더 일찍 일어나야 했습니다.
"밥은?" "와이셔츠는?" "양말은?"
남편이 된 부인을 뒷바라지하느라 아침은 먹는 둥 마는 둥
점심은 어떻게 먹었는지도 모르게 오후가 되어 빨래하고 청소하고
저녁 준비하고, 저녁 먹고 설거지하고……
집안일은 밤 11시가 되어서 겨우 끝났습니다.

사흘이 지난 후 녹초가 된 남자가 다시 무릎 꿇고 기도했습니다.
"하나님, 도저히 여자 못해먹겠어요. 너무 힘들어요.
다시 남자로 바꿔주세요."
하나님이 대답했습니다.
"NO"
"왜요? 왜 안 되는데요?"
그러자 하나님이 이렇게 말했습니다.
·
·
·
"너 임신했다."

우리는 배꼽이 빠지도록 웃었다.
남 눈치 볼 것 없이 옆 사람을 때려가며 웃었다.
'이리도 행복한 세상을 왜 웃지 않고 살았을까?'
우리 웃음소리가 가라앉자 다시 질문이 시작됐다.

"여러분, 언제 가장 많이 웃을까요?"
여기저기서 대답이 나왔다.
"돈 주웠을 때요."
"TV 볼 때요."
"손주 볼 때요."

"와이프가 옆에 있을 때요."
"누구야? 별종 누구야?"
또다시 웃음보가 터졌다.
뇌 A13 영역에 웃음보가 터지면 웃음이 멈추지 않는 병에 걸린다는데 마치 우리는 그런 사람들 같았다.

"우리 중에 개그 프로그램 보는 사람 있어요?"
남자는 개그 프로그램 등 TV 볼 때 많이 웃는단다.
몇 사람이 손을 들었다.
"잘하시는 겁니다. 남자는 TV를 봐서라도 날숨을 쉬어야 합니다."
스트레스는 날숨을 통해 계속 뱉어 내야 한다는 것이다.
"또 언제 많이 웃을까요?"
"글쎄요?"
"유머를 들을 때 내 틀이 깨어지기 때문에 많이 웃습니다."

한 사람이 손을 들고 최신 유머라며 꼭 이야기해야겠단다.
그에게 마이크가 넘어갔다.
우리 모두는 소리쳤다.
"조크 타임!"

한 남자가 아내와 아침에 살짝 싸웠습니다.
회사에 도착한 남자는 아내에게 문자메시지를 보냈습니다.

"당신은 내게 로또 같아."
그 문자를 받은 아내는 내심 기분이 좋았답니다.
'그래도 나 만난 것을 횡재로 아나 보지?'
아내는 삐친 척하면 퉁명하게 문자메시지를 보냈답니다.
"왜?"
그러자 남편에게 답변이 왔습니다.
"안 맞아도 너무 안 맞아."

우리는 손뼉을 치고 자지러졌다.
어느새 우리의 공감 지수는 100%였다.
그동안 나는 불평 외에는 공감 지수가 제로였다.
한참 웃다가 조용해지자 그다음 질문이 이어졌다.
"세계적으로 가장 많이 웃을 때가 언제인지 아십니까?"
"……."
"세계적으로 가장 많이 웃을 때는 인사할 때랍니다."

하늘웃음이 포인터를 클릭하자
활짝 웃는 조각상 세 개가 화면에 나타났다.
서울역 근처 세브란스빌딩 로비에서 찍은 사진이란다.
세브란스빌딩에 웃는 조각상 세 개를 세운 것이다.
조각상이지만 어찌나 흐뭇한 표정인지
보는 이들로 하여금 흡족하게 한다.

"여러분, 누군가에게 인사만 받아도 상대의 인정감은 채워집니다."
우리는 옆 사람과 눈 맞추기를 하며 인사했다.
"제 옆에 앉아주셔서 고맙습니다."
"제 짝꿍이 되어주셔서 고맙습니다."

상대방의 눈동자를 3초 동안 봐야 하는 연습이 시작되었다.
내가 몇 초 동안 사람의 눈을 직시한 것은 처음인 것 같다.
어찌나 어색하던지 웃음으로 때우고 싶었다.
하지만 상대가 진지해서 어색함을 웃어넘길 수가 없었다.
3분 같은 기나긴 시간이 흘렀을까?
나도 모르게 상대의 눈을 보면서 툭 튀어나오는 감정이 있었다.
'엄마도 나와 이렇게 눈을 맞췄을까?'
'엄마도 나를 이렇게 바라봐준 적이 있을까?'

'세 살 때까지 눈 맞춤만 잘해도
애착이 형성되어 아이가 건강하다는데……'
엄마를 생각하면 분노인지 그리움인지 알 수 없는 눈물이 나오려 했다.

앞에서 흘러나오는 말이 아니었다면 남자 녀석이 울 뻔했다.
"여러분, 행복해지기 원한다면 세 가지를 하십시오.
첫째, 일어나자마자 가족과 인사하십시오.
둘째, 출근할 때 인사하십시오.
셋째, 퇴근할 때 인사하십시오."
하늘웃음은 인사는 가정에서 먼저 시작해야 된다고 말했다.

"저에게는 딸, 아들, 아들 이렇게 세 자녀가 있습니다.
둘째 녀석이 사춘기가 되자 이런저런 문제를 일으키기 시작하더군요.
세 살 때 뇌가 한 번 퇴화하고 사춘기 때 뇌가 한 번 퇴화합니다."

"휴" 길게 한숨을 짓고 난 하늘웃음은 이렇게 생각했단다.
롤 모델이 없어서 그런가 싶어 주대준 총장님의 세미나에 데려갔단다.
고아에서 청와대 보안 책임자가 되어
20년 동안이나 다섯 명의 대통령을 섬긴 분이다.
내심 아들에게 롤 모델을 만나게 하고자 데려간 것이다.
'저분은 고아에서 저렇게 멋진 사람이 되었단다. 너도 꿈 좀 가져봐라.'
하지만 아들은 두 시간 동안 고개를 처박고 다리만 떨고 있었다.

돌아오는 길에 "뭐가 기억에 남니?"라고 엄마가 물었다.
고민도 없이 아들이 한마디 했다.

"부모가 바뀌어야 자식이 바뀐대."
쥐어박을 수도 없고,
하지만 아들 말은 하늘웃음 내외가 자신들을 되돌아보는 계기가 되었다.
'정말 내가 자식들에게 본이 되고 있는가?'
'정말 내가 자식들에게 가장 많이 웃어주는가?'
'정말 아이들을 귀하게 대접하고 있는가?'
그때부터 가정에서 90도 인사를 하기 시작했다.
부모가 모범을 보여야 할 곳은 가정이니까.
"다녀오셨습니까?"
하던 일을 멈추고 인사한다는 것은 생각보다 쉽지 않다는 것이다.
가치의 우선순위에 따라 순간순간
포기해야 할 용기가 필요하기 때문이다.

하늘웃음은 말했다.
"훈련하면 어느새 습관에 따라 움직여집니다.
자연스럽게 몸에 배게 되지요."
인사를 시작한 지 두 달이 지났을 때 엄마가 아이들에게 물었다.
"인사한 지 두 달이 되었는데 느끼는 게 있니?"
큰딸은 "그냥 좋아"라고 대답한 반면 중2 아들은 이렇게 대답했다.

"학교 가는 길이 공허했는데 지금은 아니야.
엄마, 아빠가 90도 인사를 해주니 아침부터 꽉 찬 느낌이랄까!"

아들의 말이 충격이었단다.
"우리가 가장 소중한 자식에게 물려줘야 할 유산은 정말 뭘까요?"
"……."
"사춘기 때, 공허한 가슴을 채워주는 것이 진짜 유산이지 않을까요?
하던 일을 멈추고 아들을 바라봐주는 것이
자아 존중감을 키워주는 최고의 유산입니다."
이 말에 고개를 끄덕이는 사람들이 많았다.
나도 나중에 자식을 낳는다면 꼭 물려주고 싶은 유산으로 정했다.

"그렇다면 여기서 몸에 배도록 인사합시다."
우리는 다시 한 번 옆 사람을 보며 인사했다.
"제 옆에 앉아주셔서 고맙습니다."
"당신을 보니 오늘은 참 기분 좋은 날이네요."

"기분이 어떠십니까?"
하늘웃음이 물었다.
삼성에서 일하는 한 과장이 말했다.
"귀인 대접을 받는 것 같아요."
"맞습니다. 인사는 옆 사람을 귀인으로 대접하는 것입니다."

우리는 장난 반 진심 반으로 다시 인사했다.

"귀인인지 몰라뵈서 죄송합니다."

듣기만 해도 기분이 좋았다.

꼭 내가 정말 귀인이 될 것 같았다.

그래서 자동차 판매왕 조 지라드는 말했나 보다.

'상대를 즐겁게 하면 상대의 지갑까지도 열린다'고.

행운을 잡으려면
남을 귀인 대접 하라

"여러분 중에 귀인을 만난 경험이 있으신 분?"
하늘웃음이 질문했다.
'오메가-3'라는 닉네임을 가진 사장님이 번쩍 손을 들었다.
마이크는 그분에게 옮겨졌고 우리는 귀 기울였다.

"저는 젊은 시절 사업을 하고 싶었습니다.
그런데 문제는 돈이었지요.
은행에 갔지만 신용 등급이 낮아서 대출할 수가 없었어요.
아버지를 찾아갔습니다.
'아버지, 사업 자금 조금만 보태줄 수 있으세요?'

그러자 아버지 어깨에 힘이 빠지더군요.
'너도 알다시피 내가 가진 것이 어디 있냐? 미안하다.'
아버지도 가진 것이 없는 줄 알면서 부탁한 것이 죄송했습니다.

하루는 회사 거래처에서 답답한 마음을 얘기했습니다.
거래처 사장님은 일본 사람이었는데 제 얘기를 듣더니
잠시 기다리라고 했습니다.
잠시 후 사장님이 그 자리에서 3천만 원을 빌려주었습니다."
우리는 이야기에 빠져들어서 "우와" 소리를 질렀다.

"사장님이 그러시더군요.
'자네처럼 성실한 사람이 사업을 해야지, 누가 하겠나?
차용증도 필요 없네. 돈 벌면 갚게나.'
35년 전 3천만 원은 지금 10억과 같은 돈이었습니다.
저는 열심히 일했지요.
그리고 제일 먼저 사장님 돈을 갚았지요.
그분은 제게 평생 귀인이자 은인입니다.
최근 그분의 팔순 여행을 제주도로 보내드렸습니다."

귀인 얘기에 우리 마음까지 흐뭇해졌다.
이제는 남의 이야기가 나의 것이 되어야 한다.
"귀인을 만나려면 조건이 있습니다."

나는 귀가 번쩍 열렸다.

"첫째, 내가 먼저 귀인이 되어야 합니다."

'뭐야?'

단순한 진리는 꼭 나로 하여금 반감을 갖게 한다.

"여러분 이것이 비법입니다.

귀인을 볼 수 있는 눈이 없으면 허사입니다."

'그야 그렇지!'

"그 사장님이 왜 오메가-3 님에게 투자금을 줬겠습니까?

그분 눈에도 귀인이었기 때문에 준 것입니다.

귀인에게는 귀인을 알아보는 에너지가 있는 것입니다."

그러니까 자신이 귀인이 되어야 귀인을 알아본다는 것이다.

"하늘웃음 님, 그 사람이 귀인인지 아닌지 어떻게 알아요? 눈이 없으면?"

내 질문에 갑자기 강의장이 조용해졌다.

내심 나는 하늘웃음을 한 방 먹인 것 같아 우쭐했다.

종종 사람은 남을 곤란하게 만들어

자신이 우월하다는 것을 증명하고 싶어 한다.

하지만 잠시 후에 한 방 맞은 것은 나였다.

"해피바이러스 님, 좋은 질문입니다. 저는 누가 귀인인지 모릅니다.

그래서 모두에게 귀인 대접을 하려고 노력합니다."

이번 시간을 통해 하늘웃음이 우리에게 말하고 싶은 철학이었다.

'누가 귀인인지 모르니까 누구나 귀인 대접을 하라.
그러기 위해서는 내가 먼저 나 자신을 귀인 대접 해야 한다.'
모든 것은 내 마음에서 흐르기 때문이란다.

하루는 하늘웃음이 지방 강의 때문에 배차를 했단다.
자주 뵈었던 연세 많으신 운전기사분이 묻더란다.
"소장님, 최○○ 강사님 아시지요?"
"예. 유명하신 분이잖아요. 제가 닮고 싶은 분이지요."
"닮고 싶은 분이오?
그런데 TV에 나오는 모습과 실제는 아주 다른 사람이더구먼요."
"그게 무슨 말씀이세요? 우리의 희망인데……."
그러자 기사분이 혀를 차더란다.
"TV에서 자주 본 유명한 강사라 그분을 모시게 되어 기분이 좋았습니다.
넙죽 인사를 했지요.
'선생님 안녕하십니까? 유명하신 분을 모실 수 있어서 영광입니다.'
그랬더니 갑자기 그 강사가 뭐라 했는지 아십니까?
'영광이고 지랄이고 나발이고 빨리 갑시다.'"
하늘웃음도 기가 막혀서 물었단다.
"그래서요?"
"오가는 일곱 시간 동안 한마디도 안 했습니다. 문도 안 열어줬지요."

"여러분, 나 자신이 귀인이 되지 않으면

절대로 남을 귀인 대접 할 수 없습니다.
매스컴에 나와서 쇼할 수 있겠지요.
하지만 보이지 않는 곳에서든 반드시 드러납니다."
정말 공감이 가는 말이다.
자신을 귀하게 여기는 사람이 남을 함부로 대할 수 없기 때문이다.
"여러분 나의 행동은 내 생각의 태도이자 결과입니다."

부끄러운 이야기라며 과거에 있었던 이야기를 들려주었다.
하루에 세 번씩 강의해도 소화하지 못할 만큼 바쁠 때
S기업 교육 담당자가 소장님을 찾는 전화를 했다.
"과장님, 웬일세요? 하실 말씀이 있으세요?"
"저…… 소장님, 다름이 아니오라
강의 스케줄 잡는 여직원이 어떤 사람입니까?"
"스케줄 잡는 여직원이오? 왜요?"
"그 여직원과 통화하다 보면
두 번 다시 연구소에 전화하고 싶지 않아서요."
많은 사람이 웃음연구소는 웃을 일만 있는 곳이라 착각한다.
그래서 다른 곳보다 더 친절해야 하고
더 밝아야 하는 곳이 웃음연구소다.
"말씀하시기 어려웠을 텐데 이야기해주셔서 감사합니다."
그 후로 다른 곳에서도 몇 차례 피드백을 받았다.
언어는 무의식중에 자기를 대하는 태도이기에 반드시 드러나는 법.

자기 자신을 바라보는 수준의 언어가 나오는 것이다.

이야기를 듣다 보니 부끄러운 나의 과거가 떠올랐다.

강사가 돈을 많이 번다는 얘기를 듣고

'강사나 되어볼까?' 생각한 적이 있었다.

어느 날 강사 양성 수업 시간에 자기의 꿈을 얘기하게 되었다.

"강사가 되는 게 꿈입니다."

그러자 옆에 계신 분이 CD 한 장을 건네주었다.

얼핏 보니 별 필요 없을 것 같아 그 자리에서 옆 사람에게 던져주었다.

나중에 알고 보니 CD를 주신 분은 명강사를 키워 내는 회사 대표였다.

얼마나 창피한지 사라지고 싶은 심정이었다.

나는 눈앞에서 귀인을 놓치고 말았던 것이다.

귀인을 볼 수 있는 눈이 없었으니까 당연한 일이고

그 당시 나 자신이 볼품없다고 느꼈으니 당연한 결과였다.

나는 행복여행에서 나눠준 노트에 별을 그려가며 필사했다.

'나를 인정하는 만큼만 남을 대접할 수 있다.'

'내가 먼저 귀인이 되자.'

무의식까지 바꾸려면
소리를 질러라

웃음연구소에서 교육 담당자의 전화를 받고 고민에 빠졌다고 한다.
'어떻게 하면 전화 한 통에서도 상대방을 귀인으로 대접할 수 있을까?'
그래서 내린 것이 이런 방법이었다.
"일단 전화가 오면 5초 크게 웃고 전화를 받으세요."
입꼬리가 올라가면 말도 즐겁고 기분 좋게 할 수 있기 때문이다.
비록 유선상일지라도 느낌은 100% 전해진다.

그러던 어느 날 해프닝이 벌어졌다.
아직 익숙지 않은 한 여직원이 실수를 하고 말았다.
웃고 나서 전화를 받아야 하는데

수화기를 들고 5초 동안 큰 소리로 웃어버린 것이다.

물론 상대는 놀라서 전화를 끊어버렸다.

그런데 놀랍게도 전화가 다시 걸려왔다.

"거기 뭐하는 곳이에요?"

"죄송해요. 웃고 받아야 하는데, 받고 웃어버렸어요."

결국 그 고객은 연구소의 귀한 고객이 되었단다.

옆 사람을 쳐다보니 귀해 보였다.

하늘웃음은 귀인들에게 차 한 잔씩 대접하고 다시 자리에 모이라고 했다.

점심을 먹고 나서 졸기에 딱 좋은 3시다.

그런데 갑자기 월드컵 송이 울려 퍼졌다.

하늘웃음은 춤을 추며 등장했고 스태프도 춤을 추기 시작했다.

우리 모두는 일어서서 광란의 춤을 추었다.
'인생을 춤추듯 살아라. 세포가 춤을 추듯이'
볼품없는 춤에 웃는 사람, 뭔 이런 시작종이 있냐고 웃는 사람,
서로가 미친 사람들 같아서 웃고 또 웃었다.

"행복하면 부끄러워할 것도 가려야 할 것도 없습니다."
우리는 의자에 몸을 턱 걸쳤다.
몸을 흔든다는 것이 이렇게 나를 춤추게 하고
소리 지른다는 것이 이렇게 나를 시원하게 한다.
하늘웃음은 지금 기분이 어떤지 옆 사람과 나누도록 했다.
내 짝꿍의 명찰을 보니 '웃음바가지' 님이었다.
머리가 하얗고 연세 많으신 분이지만 품위가 있어 보였다.
"저는 K대 간호학과 교수예요."
'그런데 그녀가 여기에 왜 왔을까?'
그녀는 춤을 추느라 숨이 찼던지 숨을 고르고 말했다.
"나는 위암 환자예요. 스트레스가 심해서……."
나는 물었다.
"학생들 가르치시느라 힘들었어요?"
"아니. 집에서 소리도 한 번 못 지르고 눌려 지내서."
총장을 지낸 남편은 웃음소리가 크다며 집에서는 못 웃게 했단다.
"채신머리없게 크게 웃지 마. 입 좀 다물어. 아랫집에 들려.
창피하지도 않아?

하하, 남편은 집 안에서도 총장이었어요.

아이들도 그랬지요.

의사인 아들들은 집 안에서도 의사였고요."

이 소리를 듣고 '돈과 명예가 행복이 아니구나!'라는 생각이 들었다.

나는 집이 한 칸짜리라도 웃을 수도 있었고 맘 놓고 나갈 수도 있었다.

갑자기 내가 철이 든 것 같았다.

'눈에 보이는 세상을 다 가진 듯하면 무엇 하랴. 자유롭지 못하면.'

웃음바가지 님이 다시 말했다.

"내가 왜 이렇게 살아야 하는지 몰라. 체면과 형식이 뭐라고……."

웃음바가지 님이 가슴을 치자

그것을 하늘웃음이 봤는지 한 가지를 제안했다.

"여러분 제가 A, 여러분이 B. 준비되셨습니까?"

주거니 받거니 소리 지르기 게임을 했다.

A : "일"

B : "이"

A : "삼"

B : "사"

고래고래 소리 지르며 13까지 올라갔다.

A : "저리 비켜~"

B : "저리 비켜~"

소리가 점점 더 커졌다.

A : "저리 비켜~"

B : "저리 비켜~"

계단을 올라가듯 차츰차츰 소리를 높여가며

주거니 받거니 1분간 소리를 질렀다.

목이 쉬고 머리가 띵했다.

우리 모두 멍해졌다.

'이것이 카타르시스인가 보다!'

막힌 가슴이 확 뚫린 기분이다.

우리 행동은 거의 100% 무의식의 지배를 받기에

내가 원치 않는 삶을 살아간단다.

뇌는 3단계 구조를 가졌다.

가장 바깥쪽에는 생각의 뇌인 대뇌피질,

그 밑에 감정의 뇌인 변연계가 있고

가장 밑에는 무의식의 뇌 즉 생명 본능의 뇌인 뇌간이 있다는 것이다.

이 무의식의 뇌를 바꾸기 위해서는 반드시 오버해야 한다는 것이다.

하늘웃음은 왜 크게 소리를 내야 하는지를 설명했다.

"소리를 내면 메타인지가 발동합니다.

메타인지란 큰 소리를 낼 때 작동하는데 그때 내 소리를 내가 듣습니다.

즉 나 자신을 볼 수 있도록 객관화한다는 말입니다.

객관화가 되지 않으면 또 다른 나를 볼 수 없습니다."

소리를 내는 것은

유대인들이 아이들을 천재로 만들기 위한 뇌 자극법 중 하나다.

우리가 소리를 질러야 하는 이유는 또 있다.

소리를 지르면 무의식이 다섯 배 정도 빨리 작동한다.

즉 신경회로가 만들어지는 것이다.

무의식의 신경회로는 반복적이고 습관적이어도 생기지만

안 해본 일, 즉 첫 경험을 하거나 아주 큰 소리를 지르거나

충격을 받아도 만들어진단다.

그래서 하늘웃음이 우리에게 큰 소리로 오버하라는 것이다.

나는 뭔 소리인지는 다 알아들을 수 없었지만

'오버'하라는 말만 접수했다.

오버는 또 다른 기적을 만들어 낼 뿐 아니라 판단을 멈출 수 있다나.

'오버', '가장'.

그건 내가 자신 있는 거다.

물건을 팔 때 내가 늘 거짓 웃음으로 가장했으니.

이번 시간은 잘할 것 같다.

우리 뇌의 회로를 바꿀 시간이다.

우리는 세 번을 반복해서 큰 소리로 외쳤다.

"아~ 훌륭하구나! 아~ 훌륭하구나!

이 세상에 단 하나밖에 없는 움직이는 걸작, 걸어 다니는 국보,

나 ○○○은 정말정말 훌륭하구나!
하하하하~"

두 사람이 나와서 오버액션을 했다.
상대의 쪽팔리는 모습을 보면서 우리는 뒤집어졌다.
"자신을 깨뜨려가는 유치를 경험해야 극치를 경험합니다.
여러분, 오버하는 것은 또 하나의 벽을 넘는 과정입니다.
마지막으로 한 번 더 오버액션을 연기해보실 분?"

내가 손을 들까, 말까 고민하는 사이에
'파인'이라는 친구가 손을 들었다.
과정 내내 한 번도 튀지 않는 친구였다.

남의 눈도 똑바로 쳐다보지 못하는 파인이 벌벌 떨면서 마이크를 잡았다.

"아~~~~~~~ 아~~~~~~~~~~ 훌륭하구나!"

우리는 뒤집어졌다.

하지만 곧이어 격려하는 차원에서 우레와 같은 박수가 쏟아졌고
환호가 이어졌다.

"파인 멋져. 짝짝짝 짝짝."

"정말 멋져. 짝짝짝 짝짝."

대인 기피증이 있던 파인은 이 시간을 통해
또 하나의 두려움을 넘어선 것이다.

웃음은 돈 주고 살 수 없는 것들을 갖게 하는 탁월한 도구다.

결국 나는 손을 들지 못했다.

쇼를 잘하는 가면조차도 용기가 없어서 기회를 놓치고 말았다.

하지만 다시 기회가 주어진다면 손을 들 것이다.

진짜 마음먹는다는 것은
비록 부족하더라도 지금 행동으로 옮기는 것이다.

얼굴이 펴야
인생이 핀다

파인은 쉬는 시간에도 흥분이 가시지 않은 상태였고
사람들은 그를 축하해주었다.
그 광경을 보고 있자니 내심 자책의 목소리가 들렸다.
'손들고 나가서 하지. 네가 파인보다 못하냐?'
'다음번에 하면 되지 뭐.'
'너는 항상 다음번이잖아.'
둘 중 어느 놈이 이길지는 모르지만 예전 같지는 않았다.
예전 같았으면 나는 다시 결심하지도 않았을 것이다.
그냥 그 싸움에 졌으니까.
하지만 지금은 다르다.

다음번에는 꼭 나가서 '도전하리라' 다짐했다.

자리에 앉자마자 볼펜을 들고 벽으로 가라고 했다.
벽에는 행복여행에 처음 들어왔을 때
각자가 작업하고 붙인 클로버가 붙어 있었다.
처음 강의장에 도착했을 때 '행복으로 초대' 시간을 가졌었다.
'나의 장점, 이 과정에서 얻고 싶은 것, 나의 꿈'을 쓰는 시간이었다.
남들은 열심히 쓰는데 나는 쓸 것이 없어서 애를 먹었던 시간이었다.
벽에 붙어 있는 내 클로버를 보니 거의 빈 공간이었다.
장점도 텅 비어 있었고, 이 과정에서 얻고 싶은 꿈도 텅 비어 있었다.
멍하니 클로버를 바라보고 있는데 하늘웃음이 주문했다.

"펜을 들고 다른 사람 클로버에 칭찬 한마디씩 쓰고 오세요."
나는 좀 전에 용기를 내었던 '파인' 클로버 앞에 섰다.
'나의 꿈'이라는 공간에 파인의 글이 적혀 있었다.
'나는 이번 웃음치료를 통해 사회복지사로 근무하고 싶다.'
나는 그의 삶의 목표를 읽고 이렇게 적었다.
'파인, 용기가 대단해. 축하해. 좋은 곳에 취업할 거야.'

파인에 비해 나는 뚜렷한 목표가 없다.
세네카는 말했다.
'계획이 실패하는 이유는 목적이 없기 때문이다.

어느 항구로 가야 할지 모른다면 제아무리 순풍이 불어도 소용이 없다.'
하고 싶은 것도 없으니 꿈을 찾기도 힘들었을 것이다.
'다른 사람이 내 것에 뭐라 적었을까?'
은근히 신경이 쓰여 무심한 척하면서 슬쩍 보았다.
'해피바이러스 님, 당신 안에 에너지가 느껴져요.'
그 글을 보는 순간 왠지 가슴이 쿵쾅거렸다.
얼른 자리로 돌아와서 앉았다.
하지만 마음을 가라앉히는 데 잠깐 시간이 걸렸다.

'파인의 기분이 이랬겠구나.'
'새로운 눈으로 나를 바라본다는 것이 이런 것이구나!'
어느새 사람들이 자리에 돌아와 앉았다.
뜬금없는 질문이 던져졌다.
"아이가 길을 가다가 넘어지면 어떻게 할까요?"
"빨딱 일어나요."
"아뇨. 우리 어린 시절을 떠올려보세요."
"울어요."
"맞아요. 그냥 울어버립니다. 그렇기 때문에 다시 신나게 놉니다.
그런데 우리는?"
"벌떡 일어납니다."
"왜?"
"쪽팔리잖아요."

"그다음에 어떤 행동을 합니까?"

"주변을 둘러봐요."

"왜요?"

"쪽팔리잖아요."

"울어야 할 때 울지 못하고, 웃어야 할 때 웃지 못한다면
훌훌 털어버리지도 못합니다."

그것이 제자리에 돌아올 수 있는 힘인 '회복탄력성'이란다.

'회복탄력성?'

하늘웃음이 아는 분의 친구가 사당역 사거리에서 교통사고가 났단다.
몇 달을 입원하고 나왔는데 더 큰 일은 다음 해에
같은 장소에서 대형 사고가 나서 목숨이 위태롭게 된 것이다.

"왜 똑같은 자리에서 똑같은 사고가 났을까요?
털어버리지 못하면 몸은 그대로 기억하고 있습니다.
충분히 웃어버렸거나 울어버렸다면 우리 몸은 기억하지 않습니다."

아이들을 보면 알 수 있다는 것이다.
아이들은 방금 전에 싸웠어도 언제 그랬냐는 듯이 함께 노는 반면
어른은 한번 싸우면 두고두고 간다는 것이다.

"때론 평생 가는지도 모르지요."

하늘웃음의 말에 갑자기 엄마, 아빠가 연상이 되었다,
제자리로 돌아오지 못하고 끝나버리는 것이다.

얼굴이 펴야 인생이 즐거운데…….

저녁 식사 시간이 되기 전에 우리는 한 번 더 놀기로 했다.
웃으면 마음이 즐겁고, 마음이 즐거우면 삶이 즐거워지니까.
나도 모르게 말이 튀어나왔다.
"또 놀아?"
"또 놀아야지요. 저녁 안 먹고 놀 수 있는 방법이 없을까 생각할 정도로.
실컷 놀아본 사람이 일도 즐길 줄 알고,
실컷 놀아본 사람이 성취감도 있고, 열정도 있습니다."
살아갈 열정, 살아야 할 이유는 기분이 좋아야 생긴다는 것이다.

"여러분, 계단을 힘들지 않게 올라가는 방법이 있습니까?"
"운동이오."
기업에 다니는 몸이 좋은 친구가 대답했다.
"그보다 힘들지 않은 방법이 있습니까?"
"……."
"게임입니다.
제 아내가 로마에 갔을 때 100개 정도 되어 보이는 계단이 있었답니다.
꼭대기에 올라가자니 힘이 들 것 같고, 안 올라가자니 후회할 것 같고
그래서 아이들과 가위바위보 게임을 했답니다.
하나도 힘들이지 않고 올라가서 로마를 내려다보았답니다.
일도 즐기면서 할 때 실력을 능가합니다.

능력 있는 사람이 따라갈 수 없는 것이 즐기는 사람입니다."
하늘웃음도 일이 놀이가 되기까지 무던히도 훈련했단다.
고향이 안동인지라
어린 시절부터 웃음에 대한 부정적인 신념이 강했고
행동거지를 조심히 하라고 교육받았다고 한다.
'1학년 때 급훈 - 문지방 안 밟기'
'2학년 때 급훈 - 과묵'
'3학년 때 급훈 - 소리 내어 웃지 않기'
어린 시절부터 귀가 따갑게 들었던 말도 그 연장선에 있었다.
'잇몸이 드러나게 웃으면 안 된다.'
'소리 내서 웃으면 안 된다.'
'밥 먹을 때 얘기하면 안 된다.'

'웃으면 양반이 아니다.'
웃는다는 것은 채신머리없는 쌍놈의 짓인 것이다.

가만히 생각하니 나도 웃음에 대한 부정적인 신념이 강했다.
기억이 가물가물하지만 어린 시절 큰집에 가서 밥을 먹은 적이 있다.
사촌 형이랑 깔깔 웃으며 밥을 먹는데 할아버지가 버럭 소리를 질렀다.
"입 다물고 밥 처먹어라. 애비 없는 자식 티 내지 말고!"
그 후로 내 얼굴에서 웃음이 사라진 것 같다.
특히 어른들 앞에서는.

이윽고 노는 힘을 키우기 위해 망가지는 페스티벌이 시작되었다.
조별로 해피머니 스티커 열 장을 걸고 '웃음 페스티벌'이 열렸다.
아이들이 딱지에 목숨을 거는 것처럼 우리는 해피머니에 목숨을 건다.
10분 동안 아이들처럼 웃음법을 만들어서 발표해야 하는 조별 과제다.
다른 조의 모습은 눈에 들어오지도 않는다.
이렇게 몰두했으면 하버드대학도 갔을 것이다.

우리 조는 '줄넘기 웃음법'을 연습했다.
줄넘기 넘는 척하면서 하 하하 하하하~
아무것도 아닌 일에 우리는 배꼽을 잡고 웃었다.
또 다른 웃음법은 '산고 진통의 웃음법'이라나?
배를 움켜잡고 웃고 산고를 연기하면서 웃고.

"나온다, 나온다, 아들이다! 하 하하 하하하하~"

'언제 이렇게 웃어본 적이 있는가!'

아무것도 아닌 일로 세상을 다 가진 기분이다.

그렇게 가지려고 했던 세상이 웃음 속에 숨어 있는 듯했다.

얼굴이 펴지니 인생이 펴지는 것 같았다.

여기저기서 쉴 새 없이 행복하다는 말이 튀어나왔다.

"아 행복하다."

"아 재미있다."

"아 평생 이렇게만 살았으면 좋겠다."

신나게 놀고 신나게 웃고 다시 조별로 모여 앉았다.

한 분이 소감을 발표했다.

"지금 저는 무척 행복합니다.

여기 오는 오늘 아침까지만 해도 죽을 맛이었습니다.
저는 은행에 다닙니다. 최근 20년 만에 처음으로 결근했습니다.
저는 어떤 모욕도 참을 수 있습니다. 성공을 위해서라면.
그런데 최근 3년째 저만 동료들 가운데 진급에 미끄러졌습니다.
진급은 제 인생의 전부였는데……
그런데 죽어라 웃고 나니 '진정한 성공은 뭘까?' 하는 의문이 듭니다.
'나로 인해 누군가 웃는 것이 진정한 성공이 아닐까!'
그런 생각이 생깁니다."

'악착같이 성공해서 우리는 뭘 얻으려 하는 걸까?'
'우리 모두 락앤락(樂&樂)의 인생을 놓치면 뭐가 남을까?'
희로애락(喜怒哀樂) 가운데 '노애'만 남을지 모르는데.
분위기를 바꿔야 했는지 갑자기 가사 좋은 노래가 흘러 나왔다.
우리는 언제 침울했냐는 듯 박수 치고 옆 사람을 안마했다.
역시 감정은 선택인가 보다.

Ladies and gentlemen 아싸 또 왔다 나

터질 것만 같은 행복한 기분으로
틀에 박힌 관념 다 버리고 이제 또
맨 주먹 정신 다시 또 시작하면
나 이루리라 다 나 바라는 대로(헤이)

한치 앞도 모르는 또 앞만 보고 달리는

이 쉴 새 없는 인생은 언제나 젊을 수 없음을

알면서도 하루하루 지나가고

또 느끼면서 매일매일 미뤄가고

평소 해보고 싶은 가보고 싶은 곳에

단 한 번도 못 가는 이 청춘

피할 수 없다면 즐겨봐요

힘들다 불평하지만 말고

사는 게 고생이라 하지만

쉽게만 살아가면 재미없어(빙고)

거룩한 인생 고귀한 삶을 살며

부끄럼 없는 투명한 마음으로

이내 삶이 끝날 그 마지막 순간에

나 웃어보리라 나 바라는 대로(빙고)

하늘웃음은 우리 모두에게 눈을 감으라고 했다.
"이내 삶이 끝날 그 마지막 순간에 나 웃어보리라 나 바라는 대로."
한 구절의 메시지가 던져지고 침묵이 흘렀다.
"삶이 끝나는 그 순간에 무엇을 남기겠습니까?"
또다시 침묵이 흘렀다.

꽤 긴 시간이 흐른 듯했다.

어디선가 남자의 흐느끼는 소리가 들렸다.
'눈을 떠야 되나, 말아야 되나? 그냥 기다려야 하나?'
오만 가지 생각이 들었다.
남의 눈치를 끊임없이 보는 나에게 선택은 늘 어려운 숙제와 같다.
그는 충분히 울고 나서 마이크를 잡아도 되냐고 제안했다.
모 기업 임원이었다.
깡마른 체구가 철두철미한 사람으로 보였다.
"여러분, 이 자리에 선 것만도 저에게는 기적입니다."
그는 뒷말을 잇지 못하고 잠시 눈물을 닦았다.
"저는 병원에서 언제 죽을지 모른다는 진단을 받았습니다.
지금 걸어 다니는 것조차 기적이라고 합니다.
제가 이렇게 설 수 있는 것은 '깡다구 의지' 때문입니다.
사회에서도 남한테 지지 않으려고 악바리처럼 버텼지요.
출세만을 위해 살아온 덕분에
스톡옵션을 받는 임원 자리까지 올라갔습니다.
하지만 악바리로 사는 삶을 몸이 견디지 못했나 봅니다.
저도 가난 속에서 자랐기에 성공만 위해 살았습니다.

여기 오기 전 친한 친구들을 만났습니다.
그러나 아무에게도 내가 병들었다는 것을 말하지 않았습니다.

왜? 실패한 사람으로 보일까 싶어서…….

가장 가까운 친구에게조차 제 죽음을 알리고 싶지 않았습니다.

실패한 것 같아서…….

가난에 대한 두려움이

악착같이 성공에 매달리게 나를 더욱 재촉했답니다.

상무로 진급한 날도 저는 야근을 해야 했지요.

하루쯤 쉬어도 되지 않느냐고 말하는 아내에게 저는 버럭 화를 냈습니다.

'그럼, 다음 진급에서 미끄러지면 당신이 책임질 거야?'

성공 밑에 두려움이 숨어 늘 저를 따라다녔습니다.

이렇게 즐기고 나니, 처음으로 나 자신을

여러분 앞에서 오픈하고 나니 한결 가볍네요."

침묵 속에 하늘웃음이 말했다.

"여러분, 우리가 피할 수 없는 것이 있습니다. 바로 죽음입니다.

하지만 죽음에 대한 생각은 바꿀 수 있습니다.

과거 또한 똑같습니다.

과거에 겪은 가난과 억압을 바꿀 수는 없습니다.

하지만 과거에 대한 우리 생각은 얼마든지 바꿀 수 있습니다.

그렇지 않다면 우리가 인생을 다시 산다 해도 지금과 똑같을 것입니다."

"인생을 다시 산다 해도?"

"네, 인생을 다시 산다 해도 가면이 여전히 나인 척할 것입니다."

우리는 시 한 편을 읽으며 이 시간을 마무리했다.

나만 나처럼 살고 싶다 – 김채송화

엄마는 착하게 살라고 합니다.
그래야 예쁘다고.
그렇게 살고 살았습니다.
하지만 그곳에는 억압이라는 것이 자랐습니다.

아빠는 예의 바르게 살라고 합니다.
그래야 대접받는다고.
그렇게 살고 살았습니다.
하지만 그곳에는 가식이라는 것이 자랐습니다.

사람들은 더욱더 열심히 살라고 합니다.
그래야 성공한다고.
그렇게 살고 살았습니다.
하지만 그곳에는 허덕임이라는 것이 자랐습니다.

이제 나는 나에게 말합니다.
나답게 살라고
있는 모습 그대로 살라고
그래야 그곳에 살맛 나는 인생이 있다고.

마음이 회복되면
인생도 회복된다

어린 시절 정서적 애착 관계가 형성되지 않은 사람은
그 두려움을 가리려고 무언가로 대체할 것이다.
저분처럼 성공으로 가리려고 애쓸 것이고
나처럼 착한 가면으로 가리려고 애쓸 것이고,
어떤 사람은 안타깝게도 중독에 빠져 잊어버리려 할 것이다.
서로 모양이 다를 뿐 우리 모두는 자기도 모르게
어떤 독에 취해 있는지도 모른다.

나는 기도했다.
'당신이 정말 존재한다면

내가 두려움이라는 중독에서 해독될 수 있도록 도와주세요.
고통을 빨리 벗어날 수 있게 해달라고 기도하지는 않겠습니다.
하지만 이제는 나답게 살 수 있게 도와주세요.'
하늘웃음은 우리가 반드시 해독의 터널을 통과할 수 있다고 말했다.
자기가 통과했으니 우리도 통과할 수 있다는 것이다.

하늘웃음이 물 한 잔을 들이켠 후 말했다.
"저도 한때 두려움에 사로잡힌 적이 있습니다."
2000년도에 동대문에서 옷 장사를 했습니다.
두 번 다시 기억하고 싶지 않은 일이지요.
가정을 책임지는 가장이기에 먹고살아야 했습니다.
의류 사업 동업 제의를 받고는 속단해서 결정했지요.
모르는 일은 심사숙고해야 하는데……."

하늘웃음도 나와 같은 경험을 한 모양이다.
나와 비슷한 점이 많아 하늘웃음이 좋아지기 시작했다.
"동업자가 그러더군요.
'나는 디자이너이니까 노하우를, 당신은 자본을 대시오.'
저는 'NO'라는 말을 못했습니다.
불합리한 동업이 시작되었습니다.
물건을 살 때도 디자이너는 손가락으로 지시를 했지요.
'저것' 하면 저는 달려가서 돈을 지불하고, 물건을 사서 짊어졌습니다.

키 157센티미터, 몸무게 47킬로그램.
저는 자신을 처량하게 생각했습니다.
더 처량한 것은 하고 싶은 말을 못한다는 것이었습니다.
인정받아야 하니까 저는 늘 종놈일 수밖에 없었습니다.

'내가 고작 이것 하려고 태어났는가?'라는 자책이 올라왔지요.
디자이너는 일찍 가서 자고 주인인 저는 아침에 퇴근해서
겨우 잠만 자고 또 출근해야 했습니다.
그래도 한마디 못했습니다.
더 힘들었던 것은 동업자의 예민한 성격이었습니다.
하루는 쫙 빼입고 온 날 저에게 물었지요.
'뭘 먹을까요?'
저는 아무 생각 없이 제가 좋아하는 '된장찌개'라고 말했는데
동업자는 소리소리 지르고 난리가 난 것입니다.
내가 이렇게 입고 왔는데 어떻게 된장을 먹을 수 있냐고.
아무것도 아닌 일에 자기를 무시한다고 느낀 것이지요.
그분에게 아무 말도 못하는 저는 물에 빠진 생쥐였습니다.
그리고 집에 돌아와서는 화살을 아내 아니면 나 자신에게 돌렸지요.
'내게 맞지도 않는 일을 왜 시작해가지고……
바보같이, 멍청이, 쪼다…….'

장사가 안 된 것은 아니었습니다.

그분의 탁월한 감각으로 그럭저럭 잘되었습니다.
그런데 손에 들어오는 돈은 없더군요.
그분의 채무가 많아서 매일매일 빌려가는데도 저는 한마디 못했지요.
그렇게 동업은 동업자의 빚 갚는 것만으로
밑 빠진 독에 물 붓기였습니다.
그분이 아니면 망할 것 같다는 두려움이
나로 하여금 아무 말도 못하게 했던 것입니다.
아무리 힘들고 죽고 싶어도 묵묵히 견디기만 했지요.
하지만 정신은 버틸 수 있어도 몸이 견디지 못했나 봅니다.
가면이라는 것이 그렇게 무섭더군요.

어느 날 아침에 일어났는데 얼굴에 마비가 왔습니다.
입이 한쪽으로 돌아가고 눈은 감기지가 않더군요.
첫째 딸 생후 25개월, 둘째는 그때 막 태어났는데 앞이 캄캄했지요.
병원에서는 못 고친다고 하고 아기 분윳값은 벌어야 하는데.
30대에 건강을 잃으니 모든 것을 잃은 것 같았습니다.
아내는 두 아이를 데리고 매일 기도했답니다.
'빌려주지 말래도 그렇게 빌려주더니 꼴좋다.'
저에 대한 분노를 삭이지 않으면 살 수 없었기에 기도했답니다.
1년 내내 울며 기도하던 아내가 어느 날 그러더군요.
'피할 수 없다면 즐기자.'
40대에 겪지 않아서 다행이라 생각하자고 제안하더군요.

그러면서 아내가 저에게 한마디 했습니다.
'여보, 이제는 싫으면 NO 하자.'
인정받고 싶은 마음을 내려놓기가 두렵고 그렇게 어렵더군요.

인정받고 싶은 저는 'NO'라고 말할 수 없었습니다.
심지어는 동업자가 겨울에 집에서 쫓겨나게 생겼다고
보증금을 해달라고 했습니다.
아내와 대판 싸우고 해줬지요.
사업과 상관없는 돈까지도 빌려서 해줘야 했습니다.
이젠 돈도 없지, 얼굴은 마비가 왔지, 아이는 태어났지,
이런 상황에서도 하루를 견딜 수 있는 힘이 한 가지 있었습니다.
25개월 된 첫째 딸의 웃음, 막 태어난 갓난아이의 천진난만한 얼굴.

아이들을 보고 있으면 그래도 살아갈 용기가 생기더군요.
지친 영혼에게 웃음은 최고의 사랑이자 보약입니다."

스태프가 와서 우리를 한 줄로 세웠다.
"여러분, 사랑이 없어도 될 만큼 부유한 자는 아무도 없습니다.
사랑을 주지 못할 만큼 가난한 사람도 없습니다.
그래서 우리 모두에게는 사랑이 필요합니다.
기적은 사랑에서 시작됩니다."
그러고 나서 하늘웃음이
지금 사랑이 필요한 사람은 앞으로 나오라고 말했다.
처음에는 모두 주춤거리더니 한 사람이 앞으로 나가자
한순간 열 명이 우르르 나갔다.
하늘웃음은 열 명을 나란히 한 줄로 세웠고
우리들은 3미터 간격을 두고 그들을 마주 보고 한 줄로 섰다.
추가열의 '행복해요'라는 노래만이 조용하게 흘렀다.
"지금 여러분 앞에 서 있는 사람은 남자도 여자도 아닙니다.
살아 있어 존귀한 사람들입니다.
영혼 대 영혼으로 아무 말 없이 그들을 얼싸안으십시오.
누군가는 여러분의 사랑으로 살아날 것입니다.
어떤 말도 어떤 위로도 필요 없습니다.
서로에게 목례하고 심장 대 심장으로 얼싸안으십시오."
추가열의 노래만이 우리의 숨소리를 대신했다.

숨 쉴 수 있어서 바라볼 수 있어서
만질 수가 있어서 정말 행복해요
말할 수도 있어서 들을 수도 있어서
사랑할 수 있어서 정말 행복해요.

이 중에서 하나라도 내게 있다면
살아 있다는 사실이죠
행복한 거죠.

살아 있어 행복해
살아 있어 행복해
니가 있어 행복해
정말 행복해요.

숨 쉴 수 있어서 바라볼 수 있어서
만질 수가 있어서 정말 행복해요.
말할 수도 있어서 들을 수도 있어서
사랑할 수 있어서 정말 행복해요.

죽은 이의 그토록 바라던 소원은
숨 쉬는 오늘이 바라던 내일이죠.

살아 있어 행복해
살아 있어 행복해
니가 있어 행복해
정말 행복해요.

여기저기서 흐느끼는 소리만 들릴 뿐이었다.
아무도 말하지 않았지만 우리는 본능적으로 알 수 있었다.
사랑은 모든 두려움을 내쫓는다는 것을
사랑은 모든 허물과 벽을 녹여버린다는 것을.

가슴을 녹여야
털어버릴 힘이 생긴다

그야말로 포옹은 내 텅 빈 가슴을 채워주었다.

나뿐이 아니었을 것이다.

벽은 힘으로 허물지만 마음의 벽은 오직 하나 사랑 이외에는 불가능하다.

25분간 아무 말 없이 포옹을 한 후에

앞에 섰던 사람들이 강단에 그대로 걸터앉았다.

기분이 어땠는지 한 사람 한 사람 돌아가며 소감을 나눴다.

"너무나 따듯했어요."

"이런 기분이라면 다시 일어설 수 있을 것 같아요."

"엄마에게서 한 번도 받아본 적이 없는 사랑을 받고 나니 행복해요."

뚱뚱한 여대생 차례가 되었다.
마이크를 잡고 심하게 말을 더듬었다.
"너…… 너 너무 따 따 따뜻했어요. 그 그 그냥 편안했어요."
고개를 푹 숙인 채 심하게 더듬거리며 발표했다.

얼마 동안 수업이 진행된 후에 두 번째 포옹 시간이 주어졌다.
하늘웃음은 그 여학생을 다시 앞에 세웠다.
가슴의 모든 응어리가 녹아내리는 시간이었다.
그 여학생은 포옹하는 내내 흐느끼며 울었다.
소감을 발표하는 시간이 되자
심하게 더듬던 그 학생이 아주 천천히 더듬지 않고 말했다.
아까와는 완전히 다른 모습이었다.
이렇게 짧은 시간에 다른 사람이 된 듯했다.
"이런 기분 처음이에요. 너무나 편안했어요. 감사합니다."
그 여학생은 하늘웃음에게 뭔가를 묻더니 이야기를 시작했다.

"사실 저는 어린 시절부터 죽을 고비를 몇 번 넘겼습니다.
유모차를 끌던 오빠가 내리막길에서 유모차를 놓친 것입니다.
유모차는 대로변으로 치달았고
엄마는 '살려주세요' 소리 지르다 넘어졌답니다.
그 광경을 본 한 아주머니가 장바구니를 내던지고
유모차를 붙잡았습니다.

그렇게 살아난 아이가 바로 저입니다.
어렵게 살아났는데 인생은 고통의 연속이었습니다."

'어린것이 고생은 무슨 고생?'
나는 팔짱을 낀 상태로 그 여학생의 말에 집중했다.
"고통은 저에게 파도처럼 밀려왔습니다.
중학교 시절 왕따를 당했고 점심시간이면 밥 먹을 친구가 없었습니다.
3년 내내 밥 먹을 친구가 없어서 도시락을 휴지통에 버리곤 했습니다.
그리고 아픈 척 잠자는 척 그렇게 3년을 보냈습니다.
너무나 힘들었습니다."
이쯤 들었을 때 나는 팔짱을 풀고 똑바로 앉았다.
살아준 그 여학생에게 한 가닥 예의라고 생각했기 때문이다.

"그러다 찾은 것이 춤이었습니다.
하루에 열두 시간 넘게 춤을 추면서 모든 것을 잊을 수 있었습니다.
하지만 세계대회를 앞두고
연골 부상으로 더 이상 춤을 출 수 없다는 진단을 받았습니다.
설상가상으로 아버지 사업이 망하고 말았습니다.
저는 좌절 끝에 심한 우울증을 앓게 되었고
우울증은 극심한 불면증과 공황장애로 이어졌습니다.
형광등을 켜고 스탠드도 켜고 자야 죽지 않을 것 같았습니다."
그 여학생은 우리를 보며 얘기했다.

이상한 여학생인 줄 알았는데 지금 보니 대견한 학생이었다.
"저~ 지금 같은 기분이라면 불도 켜지 않고 잘 수 있을 것 같습니다."
우리는 있는 힘을 다해 박수갈채를 보냈다.
오늘 밤 그 학생은 두려움에서 승리했다.
하늘웃음은 학생의 마이크를 이어 받았다.
"여러분, 여러분의 '사랑'이 한 사람의 어둠을 몰아낸 것입니다."
그동안에 맺힌 응어리를 풀어주는 것이 사랑의 힘인가 보다.

이렇게 기쁜 시간에 갑자기 내 온몸에서 힘이 빠지는 듯한 기분이 들었다.
'왜 이렇게 마음이 가라앉지?'
"우리 모두 날개가 하나뿐인 사람들입니다.
그래서 서로 포옹해야만 두 날개로 날 수 있고,
그래야 살아갈 수 있습니다."
하늘웃음의 말이 허공에 맴도는 듯했다.
아무하고도 말하고 싶지 않았다.
나도 내 감정을 알 수가 없었다.

오늘의 마지막 포옹 시간이 되었다.
하늘웃음은 포옹을 한 번도 받지 못한 사람이 나오라고 했다.
누군가 나를 앞으로 밀었다.
순간 화가 났다.
앞에 서서 포옹 받고 싶지는 않았다.

나는 멀쩡한 사람이니까.

하늘웃음이 이런 나를 보며 한마디 했다.

"괜찮아요. 누구든지 우리는 사랑이 필요합니다."

나는 망부석처럼 온몸이 굳었다.

누군가의 사랑을 받는다는 것이 나에게는 가장 큰 부담감이었다.

'한 번도 받아본 적이 없어서 그럴까?'

'아니면 그들이 엄마와 아빠로 느껴졌기 때문일까?'

이유야 어떻든 많은 사람에게 안기면 안길수록

엄마, 아빠를 원망하는 마음이 쉴 새 없이 올라왔다.

'내가 그토록 원했는데 당신들은 뭐 한 거야? 어린 나를 두고……'

사람들은 내 감정을 아는지 모르는지

내 앞에 와서 90도 인사를 하고는 아무 말 없이 안아주었다.

열 명이 넘는 사람들이 아무 사심 없이 그냥 나를 안아주었다.

나도 모르게 눈물이 왈칵 쏟아지고 말았다.

'내가 뭐라고 아무 조건 없이 나를 안아준단 말인가?

부모도 그리하지 않았는데…….

내가 뭐라고? 나 같은 것이 뭐라고?'

눈물을 주체할 수 없었다.

나는 이렇게 따뜻함을 받아본 적이 없었다.

늘 혼자였고 늘 외로웠다.

잠시 후에 잔잔한 음악이 흘러나왔고 우리는 조별로 앉았다.

'당신은 사랑받기 위해 태어난 사람~
당신의 삶 속에서 그 사랑 받고 있지요~'

조별로 앉아서 돌아가면서 느낌을 나누는 시간이었다.
'마담'이라는 닉네임을 가진 분이 자기 이야기를 들려주었다.
"저 어릴 때는 1년이 지나서야 출생신고를 했답니다.
왜냐하면 돌이 되기 전에 죽는 아이가 많았기 때문입니다.
어릴 때부터 약했던 저는 애기 때 한 번 죽었었습니다.
부모님이 죽은 저를 양동이에 담아 산에 올라갔답니다.
아버지는 저를 묻으려고 삽으로 땅을 팠지요.
엄마가 양동이에서 저를 꺼내 가슴에 안고 이렇게 말했답니다.
'딱한 것, 이렇게 빨리 갈 줄 알았으면 젖이나 많이 물릴 것을……'

엄마는 잠시 저를 가슴에 꼭 안고 있다가 아버지에게 넘겨주었답니다.
그런데 갑자기 아버지가 중얼거리셨대요.
'죽은 아이 몸에서 웬 온기가 느껴지지?'
그때 엄마는 저를 빼앗아 줄행랑을 쳤답니다.
그 후로 감사하게도 53년째 이렇게 살고 있네요."
그분의 말처럼 사랑은 사람을 살리는 능력이 있는 것 같다.
우리는 포옹의 위력을 이렇게 정의했다.
포옹은 죽은 자도 살리는 능력이고,
포옹은 내가 힘들 때 견딜 수 있는 힘이고,
포옹은 나를 다시 제자리로 돌릴 수 있는 힘이다.

세상에서 가장 따듯한 시간은 이렇게 마무리되었다.
"하루에 네 번의 포옹은 행복을 느끼게 하고,
하루에 여덟 번의 포옹은 살아갈 힘을 얻게 하고,
하루에 열두 번의 포옹은 나의 영혼까지 성장하게 합니다."

인생에는 두 갈래 길이 있다.
어떤 길을 가고 있느냐는 내 선택의 결과다.
행복한 사람은 행복을, 건강한 사람은 건강을 선택한다.
행복도 건강도 성공도 선택의 결과인 것이다.

나는 집 아홉 채를 날리고
하루하루가 지옥 같은 삶을 살았다.
자다가 벌떡 일어나 산속에서 소리를 질렀다.
세 번이나 졸도를 해서 병원에 실려 갔다.
하지만 지금…….

나는 공중전화 박스에서 수화기를 들고 웃음을 선택한다.
그리고 나 자신에게 소리 지른다.
"오늘은 내 인생 최고의 날이야, 하 하하 하하하!"
환경은 똑같아도 어제의 내가 아니다.
나는 오늘도 나를 바꿀 수 있다.
모든 결과는 내가 순간순간 선택한 결과일 뿐이다.

첫째 날-세 번째 시간
둘째 날-첫 번째 시간

3 끌어당기는 힘 키우기

긍정으로 습관

저 사람이 하면
나도 한다

가장 따듯한 저녁 식사를 마치고
첫째 날 마지막 시간 '긍정으로 습관'이 시작되었다.
새로운 짝꿍과 인사를 했다.
"제 옆에 앉아주셔서 감사합니다."
이번 시간은 나와 나이가 비슷한 남자 스태프가 마이크를 잡았다.

"여러분, 저는 미소보이입니다. 제가 한때 중독에 빠졌습니다.
무슨 중독이었을 것 같습니까?
알코올중독? 마약중독? 여자중독? 게임중독?
저는 알코올중독, 일중독이었습니다.

직장 생활을 하면서 스트레스를 견딜 수가 없었지요.
그래서 시작한 것이 술이었답니다.
하루라도 술을 마시지 않으면 살지 못할 것 같았습니다.
'아예 술과 결혼하지 그랬어?'
이렇게 말하는 아내에게 몇 번이나 다짐했지요.
'앞으로 절대 술 먹지 않을게.'
그런데 작심 며칠이었습니다.
술 외에는 스트레스를 풀 방법이 없었으니까요.

여기서 배우기 전까지는 다른 것으로 대체하는 방법을 몰랐지요.
'술만이 유일하게 스트레스를 푸는 방법이다'라는
잘못된 뇌의 시스템은 제 삶을 잘못된 방향으로 이끌었습니다.
그러던 어느 날 아내가 아이들을 데리고 사라졌습니다.
술병과 함께 남겨진 제게 삶의 의미가 사라지더군요.
술을 진탕 마시고 차들 사이로 걸어 들어갔습니다.
차가 다 피해 가더군요.
30대 초반 젊은 나이에 지방간 진단을 받았습니다.
몸무게는 80킬로그램이 훌쩍 넘었고 인상은 험악하게 변했습니다.
거래처에서는 인상이 더럽다며 저랑 말도 섞지 않더군요.

더는 이렇게 살 수 없다고 생각했을 때
마지막으로 선택한 것이 이요셉, 김채송화 소장님의 웃음치료였습니다.

행복여행에 가서 실컷 웃고 실컷 울면 내가 바뀔 것 같았거든요.
전에는 술 외에는 푸는 방법을 몰랐는데
웃음을 선택한 뒤로는
온 세상이 저에게 놀이터가 되더군요.
5년이 지난 지금 저는 행복합니다.
제 아내와 아이들도 저를 믿고 살고 있고요,
지방간은 완전히 사라졌어요.
술도 마시지 않습니다.
지금은 저 또한 행복을 찾아주는 웃음치료사로 활동하고 있습니다.
이렇게 저를 바꾼 것이 있다면 '긍정 습관'입니다."

미소보이 님은 소장님이 만든 '1분 웃음 트레이닝'을

만 번은 더 외웠다고 한다.

꿈속에서도 웃음 트레이닝을 했을 정도이니 오죽했겠는가.

긍정 습관은 한 남자를 완전히 다른 사람으로 바꿔놓은 것이다.

"두 번째의 긍정 습관은 감사였습니다."

지금까지 '감사노트'를 쓰고 있단다.

"하루에 세 가지 이상 감사한 일을 쓰다 보니 관점이 달라졌습니다.

처음 연구소에서 100가지 감사를 쓸 때는 죽을 맛이었습니다.

한 가지 쓰고 나면 감사할 일이 없었기 때문입니다.

몇 시간 걸려 100가지를 겨우 썼던 제가

지금은 1,000가지도 쓸 수 있습니다.

감사한 일이 없었던 것이 아니라 감사할 줄 몰랐던 것입니다.

세 번째 저를 바꾼 긍정 습관은 웃음클럽입니다.

5년째 산본공원에서 여러 사람과 함께 매주 웃음운동을 하고 있습니다.

처음에는 정말 창피했어요.

남 앞에 서본 적이 없는 제게는 큰 도전이었습니다.

더군다나 말까지 더듬던 저로서는 어려운 모험과도 같았지요.

웃음클럽을 공원에서 처음 하던 날,

혼자서 할 용기가 나지 않아 무작정 전 직장 후배를 불렀습니다.

아무것도 모르고 직장 후배가 나타났습니다.

그런데 그다음 주부터는 전화를 안 받더군요.

'선배님 저는 바빠서 안 될 것 같아요.' 문자 한 통.

그래도 저는 포기할 수가 없었지요. 남동생을 불렀습니다.

'형, 이건 아닌 것 같아.'

동생도 한 번 나오고 그만두더군요.

변화는 남에게 의존해서 나오는 것이 아닙니다.

철저히 나 자신에 대한 믿음에서 나오는 혹독한 훈련입니다.

저는 한 번 하면 끝장을 봐야 성미가 풀리는 사람입니다.

그렇게 시작한 것이 벌써 5년째 웃음클럽을 하고 있습니다."

우리는 미소보이 님에게 박수갈채를 보냈다.

참 멋있는 사람 같아 보였다.

이제는 미소보이 님이 바뀐 것처럼 우리가 바뀔 차례다.

두뇌의 시스템은
작.사.가로 시작하라

저녁을 먹고 난 후 '긍정으로 습관'이 시작되었다.

첫째 날 마지막 시간인 듯했다.

서로 마음을 나눈 사이라서 그런가?

서로의 아픔을 위로해준 사이라서 그런가?

하루 만에 우리 쉰다섯 명은 이미 알던 사이처럼 서로를 대했다.

하늘웃음이 마이크를 잡자 대뜸 "짝 바꾸세요"라고 했다.

'이제 좀 익숙해졌는데 왜 바꾸라는 거야?'

"익숙해지면 바로 따라오는 것이 안일함입니다."

약간의 긴장 속에 새로운 짝꿍이 생겼다.

나이 많고 웃기고 뚱뚱한 수녀님이었다.

맘에 드는 짝꿍이었다.

하늘웃음이 오전 수업 중에 이런 질문을 했다.
"입이 오리 주둥이처럼 나오면 무슨 생각이 떠오릅니까?"
그러자 수녀님이 대뜸 대답했다.
"욕이오."
그러자 하늘웃음이 다시 물었다.
"무슨 욕이오?"
그러자 수녀님이 한 치의 망설임도 없이 욕을 한 것이다.
"니미씨불알"
우리를 박장대소하게 만든 수녀님이 내 짝꿍이 된 것이다.
꼭 한 번 어디 가서 욕하고 싶었다는 수녀님,
우리를 웃게 만든 수녀님과 짝이 되니 기분이 좋았다.

"새 짝꿍에게 칭찬 한마디로 시작합시다."
하늘웃음 말에 수녀님이 먼저 나를 칭찬했다.
"해피바이러스를 보면 숨은 에너지가 장난이 아닐 것 같아."
내 클로버에 칭찬을 썼던 분이 바로 이 수녀님인 것 같았다.
"아~ 아~ 감사합니다."
나를 설레게 했던 말을 들으니 다시 가슴이 뛰기 시작했다.

수녀님이 나를 툭 치면서 말했다.

"나에게도 해줘야지?"

얼른 칭찬한다는 것이 나는 이렇게 말하고 말았다.

"수녀복이 잘 어울려요."

칭찬이라고 해놓고서 내 입을 막고 싶었다.

'이것도 칭찬이라고 했는가?'

하지만 수녀님이 활짝 웃었다.

"그렇지? 진짜 잘 어울리지? 뚱뚱한 몸매를 가릴 수 있어서 참 좋아."

역시 수녀님은 센스쟁이였다.

나에게 꼭 맞는 짝꿍 같아 행복했다.

짝꿍과의 짧은 칭찬을 마치자

아버지가 아들을 품에 안고 지그시 바라보는 장면이 화면에 나타났다.

'긍정으로 습관 첫 번째 이야기'라고 쓰여 있었다.

하늘웃음은 "모두 휴대전화를 가져왔지요?"라고 묻고서는

"짝과 마주 보세요"라고 말했다.

한 사람은 별님, 한 사람은 달님이 된단다.

수녀님이 달님을, 내가 별님을 하기로 했다.

"달님이 먼저 말해볼까요? 살면서 가장 고마웠던 이야기."

수녀님은 최근에 있었던 이야기를 들려주었다.

수녀님은 줄곧 교도소 봉사를 해온 분이다.

최근에 웃음치료를 받은 한 수감자가 수녀님에게 말했단다.

"제가 수녀님을 일찍 만났더라면 이렇게 살지 않았을 것입니다.
앞으로 나가서 열심히 살겠습니다."
수녀님은 그 말이 무척 고마웠단다.
'내가 이렇게 하나님과 사람들에게 쓰임 받고 있구나' 싶어서.

내 차례가 되었다.
나는 한참을 "음~ 음~ 음~" 망설였다.
시간이 꽤 흘렀을 텐데 수녀님은 미소를 잃지 않고 기다려주었다.
"고마웠던 사람이 왜 그렇게 생각이 안 나지?"
나는 민망해서 얼른 변명했다.
"해피바이러스, 괜찮아. 갑자기 하라니까 생각이 안 나는 건 당연하지."
'그래도 하나쯤은 생각이 나야 할 텐데…….'
내가 진땀 빼고 있는 것을 눈치챈 수녀님이 말했다.
"양 손바닥으로 허벅지를 문질러봐. 생각이 잘 날 거야."
나는 수녀님이 시키는 대로 양손으로 허벅지를 문질렀다.
마음에 위안이 되었다.
순간 나도 모르게 소리 질렀다.
어린 시절 감나무 사건 말고 또 한 가지 이야기가 떠올랐다.

엄마랑 고구마를 캐서 리어카에 끌고 산비탈 길을 내려오는 중이었다.
얼마나 가파른지 엄마는 길을 가로질러
리어카를 논두렁에 처박고 말았다.

나는 뒤에서 있는 힘을 다해 붙잡고 있다가 그만 다리 밑으로 떨어졌다.
나는 엄청 무서워서 소리소리 질러가며 울었다.
엄마는 많이 다쳤을 텐데 다리 밑으로 부리나케 뛰어 내려왔다.
"내 새끼 괜찮아? 다친 데 없어?"
수녀님에게 이야기하면서 나는 어느새 울고 있었다.
엄마가 나를 사랑했다는 것을 처음으로 깨달았기 때문이다.
그동안 사랑받은 경험이 없었던 것이 아니라 잊고 살았을 뿐이다.
버려진 상처만 보고 있었기 때문에 다른 것은 보이지 않았던 모양이다.
수녀님이 말했다.
"참 좋다. 아름다운 추억이 있어서 참 감사하다, 그렇지?
우리는 전체를 보지 못하고 부분만 보고 그게 전부인 줄 아는 것 같아."
수녀님의 말이 그렇게 따듯할 수가 없었다.

그동안 나는 부분만 보고 살았다.
'엄마는 나를 버리고 간 사람일 뿐이야'라고.
그래서 감사할 것이 하나도 없었는지도 모른다.
하늘웃음이 우리를 보며 잔잔한 목소리로 말했다.
"여러분, 아름다운 추억이든 아픈 추억이든 해석 차이입니다.
그런데 그 해석을 아름답게 바꾸는 방법이 있답니다."
귀가 솔깃했다.
"감사입니다. 간디는 말하지요. 행복의 양과 감사의 양은 비례한다고."

어느 신경심장학 교수가 말하는 '감사의 효과' 영상을 봤다.
근래 신경심장학에서는 심장이 뇌처럼 생각하고 명령한다고 보고 있다.
말도 안 되는 것 같지만 사실이다.
운동을 몹시 싫어했던 사람이 심장이식 수술을 받고 마라토너가 되었고
책과 문학을 싫어했던 사람이 심장이식 수술을 받은 뒤 시인이 되었다.
그 심장의 주인은 마라토너였고, 시인이었던 것이다.
그뿐만이 아니다.
감사할 때 뇌의 혈류량은 심장박동 수를 정상으로 만든다.
반면 분노를 느낄 때는 심장박동 수가 매우 날카롭고 불규칙했다.
영상을 보고 나니 나 자신에게 화를 많이 냈는데
아무 일 없었던 것이 기적이다.
심장을 편안하게 만드는 데
명상이 좋고 그보다 좋은 것이 감사라니…….

감사가 왜 중요한지 알 것 같다.

과거 감사, 현재 감사, 그리고 미래 감사.

그런데 문제는 어떻게 감사해야 할지 잘 모르겠다.

이런 나에게 하늘웃음은 첫 번째로 이렇게 제안했다.

"작. 사. 가가 되십시오."

'작사가?'

"작은 것에 감사하고, 사소한 것에 감사하고, 가진 것에 감사하십시오."

『부자 아빠의 비밀노트』의 저자 월레스 와틀스는 말했다고 한다.

"세상에 많은 사람이 부자로 살지 못하는 것은

감사하지 않기 때문입니다."

결국 감사가 좋은 일을 끌어당긴다.

한 가지 예로 다케다 제과가 소개되었다.

일본 시장에서 60%의 점유율을 차지하는

다케다 제과의 다케다 와헤이 회장은

"하루에 3천 번 감사하라. 운명이 바뀔 것이다"라고 말했다.

다케다 제과 사람들은 일하면서 끊임없이 감사를 하는 것이다.

1시간 동안 감사를 많이 하면 수당 8천 원을 더 지급하는가 하면,

한 제품이 나오기까지 100번의 감사를 할 수 있도록

녹음기를 틀어놓기도 한단다.

"감사합니다." "감사합니다." "감사합니다."

이런 감사는 최고의 파동을 만들고 육각형 구조의 물(육각수)을 만들어 가장 맛있는 과자가 탄생한다는 것이다.

감사를 할 때 행복은 사소한 것에서 온다.
'제 옆에 앉아주셔서 감사합니다.'
'제 얘기 들어주셔서 감사합니다.'
'웃음친구가 되어주셔서 감사합니다.'
'그냥 감사합니다.'

"그런데 감사는 훈련입니다."
이렇게 말한 하늘웃음은 100일간 100가지 감사 훈련을 소개했다.
"12명의 사람들과 연구소에서 '감사학교'를 만들어 진행했습니다.

저도 100가지 감사를 쓰는 데 처음에는 무려 네 시간이나 걸렸습니다.
'뭘 써야 하지? 쓸 것이 없는데?'
그런데 일주일 정도 반복하다 보니 그제야 술술 감사하게 되더군요.
작은 것에 감사하고, 사소한 것에 감사하고, 가진 것에 감사하고
보이는 것에 감사하게 되고, 오감으로 느껴지는 것에 감사하게 되고,
급기야 일어나지 않은 일에도 미리 감사하게 되지요.
이렇게 한 달간 감사를 하다 보니 삶에서 많은 기적들이 생겼답니다."

그중에 한 분의 사례를 소개했다.
다 큰 아들 때문에 스트레스가 많은 분이었다.
식구들 밥 먹을 때는 자기 방에 문 닫고 틀어박혀 있다가
집에 아무도 없을 때 몰래 나와 밥 먹는 아들을 보면 울화통이 터졌다.
"남도 아니고 거지새끼도 아니고, 쟤는 왜 저런다니?"
엄마는 아들 얼굴만 봐도 화가 치밀어 올랐단다.
그래도 환경이 어떻든 100가지 감사를 써야 하니
이것저것 안 쓰면 쓸 것이 없다.
살아 있어 감사, 건강해서 감사, 가족이어서 감사,
그래도 밥은 먹으니 감사…….
한 달간 쓰다 보니 아들이 가여워 보이더란다.
엄마는 비난 대신 문고리를 잠그고 있는 아들에게 쪽지를 남겼다.
"엄마가 밥 차려놓고 갈게. 편한 시간에 나와서 밥 먹어."
1개월이 지나자 대학생 아들은 식구들과 함께 식탁에 앉았다.

감사가 아니었다면 아들과의 사이는 더 벌어졌을 것이다.
이처럼 감사를 하면 누군가를 이해할 수 있는 마음이 생긴다는 것이다.

감사를 하고 나서 또 한 분에게 기적이 일어났단다.
하루는 그분에게 기절할 만한 문자 한 통이 왔다.
'건강보험 체납 580만 원 통장 압류 - 국민건강보험공단'
모든 은행 통장이 압류된 것이다.
'퇴사'라는 문구가 '취소'라고 잘못 기입되어
2년간의 지역보험으로 거슬러 환산하여 통지가 된 것이다.
또한 보험공단 실수로 현주소가 아닌 예전 주소로
압류 통지가 2년간 날아간 것이다.
2년치의 가산세만도 엄청났다.
'에이 씨~ 무조건 감사하기로 마음먹었는데…… 웬 날벼락이람.'
그분은 건강보험공단 동작지사에 가서 노트를 펴고 감사를 적었단다.
'싸우지 않아서 감사'
'자초지종을 잘 얘기해서 감사'
'평온함을 잃지 않아서 감사'
'잘 해결될 것을 믿고 감사'
주저리주저리 감사를 쓰고 있는데 압류 담당 직원이 묻더란다.
"뭐 하세요? 남들은 이곳에 와서 소리소리 지르고 싸우는데?"
"감사일기 쓰고 있어요. 무조건 감사하기로 했거든요."
그러자 곧바로 감사할 일이 또 생긴 것이다.

"전입신고도 다 되어 있는데 우편물이 왜 잘못 갔을까요?
저희들 실수이니 가산세 2년치를 빼드릴게요."
잠시 후 보험료 산정 파트에서 뭐라 뭐라 하더니 잠시 오란다.
여직원이 규정집을 찾아보더니 이렇게 말했다.
"폐업은 1년 감면해야 돼요. 그런데 적용이 안 되었네요."
'아싸.'
슬슬 또 어떤 기적이 일어날까 궁금해지더란다.
규정집을 찾더니 결국 180만 원이 공제되었다.
만약 그곳에서 삿대질을 하고 싸웠다면…….

여하튼 지역보험으로 환산하여 240만 원은 부과해야 했다.
그분은 다시 감정을 다스리기 위해 그날의 감사를 썼단다.
'어쨌든 나머지 보험료를 낼 수 있어 감사'
'서로 알아서 적극적으로 도와줘서 감사'
'감사의 기적을 실감할 수 있어 감사…….'
100가지를 써야 하니 모든 것에 감사할 수밖에 없었단다.

로버트 슐러는 감사를 이렇게 말했단다.
'하루에도 수백만 가지 기적이 일어나지만
그 기적을 기적으로 믿는 사람에게만 기적이 된다.'

나 같으면 그래도 240만 원 낸 것에 대해 기분이 나빴을 것이다.

하늘웃음은 이것에 대해 이렇게 말했다.

"감사하지 못하는 이유는

가지지 않은 것에 심혈을 기울이기 때문입니다.

하지만 가진 것에 마음을 두면

감사하지 못할 것이 하나도 없습니다."

감사하는 사람은 가진 것에 집중하고,

감사하지 못하는 사람은 안 가진 것에 집중하나 보다.

내가 그랬던 것처럼

이제부터는 작.사.가가 되리라.

최악을
최고로 감사하라

두 번째 감사는 가족을 대상으로 한 감사였다.
딕 호잇 부자의 영상을 보고 우리는 마음이 뭉클해졌다.
뇌성마비로 태어난 아들을 데리고 3종 경기에 도전한 아버지.
"아들아, 네가 아니었다면 나는 이 일을 시작도 하지 않았을 것이다."
아버지는 아들의 소중함을 이렇게 표현했다.
그러자 아들이 이렇게 대답했다.
"아버지가 없었더라면 나는 3종 경기를 제안하지도 않았을 거예요."

'가족은 이런 것이 아닐까?'
서로 버팀목이 되어주는, 신뢰하고 사랑하는 관계

그런데 나는?

보이지 않는 밤이 돼서 그런지 마음에 소용돌이가 다시 일기 시작했다.

가진 것에 감사하라지만 정말로 안 가진 나로서는 감사할 것이 없었다.

하늘웃음이 휴대전화를 꺼내라고 했다.

"지금은 가장 소중한 가족에게 감사를 전하는 시간입니다."

나는 순간 당황했다.

'나에게는 가족이 없는데……. 누구에게 문자메시지를 보내지?'

나는 옆 사람을 물끄러미 쳐다보았다.

수녀님은 가족이 없을 텐데 누군가에게 열심히 문자메시지를 보냈다.

"누구에게 하는 거예요?"

"수녀들."

"수녀요? 가족이 아니잖아요?"

"나에게는 그녀들도 가족이야. 해피바이러스는 왜 안 보내?"

"어? 가족이 없어서요."

아주 어렵게 대답했는데 수녀님은 아무렇지도 않게 대꾸했다.

"그럼 보낼 수 없는 문자라도 써. 쓰는 것만으로도 충분히 행복해져."

수녀님 말에 수신 번호가 없는 문자메시지를 썼다.

'엄마 나를 낳아주셔서 감사합니다.'

하지만 정말 보내고 싶은 문자는 이게 아니었다.

'어디 계세요? 어떻게 한 번도 나를 안 찾아요?'

아버지에 대한 감사는 더욱더 쓸 수 없었다.

아버지가 없다고 생각하는 것이 나에게는 더 편했다.
이 시간이 너무나 곤혹스럽다.
갑자기 여기저기서 소리가 들렸다.
"문자왔쪼 문자왔쪼" "징~"
그 벨소리 덕분에 해야 할 일을 멈출 수 있어서 감사했다.

"답장 오신 분 손들어보세요."
"저요."
하늘웃음은 마이크를 들고 그쪽으로 갔다.
"누구에게 보내셨습니까?"
"남편에게요."
"뭐라 보내셨습니까?"
"여보 사랑해. 나랑 결혼해줘서."
"뭐라 왔습니까?"
"니 누가 시켰냐?"
우리는 손뼉을 치며 자지러지게 웃었다.
"그 답변에 지금 기분이 어떻습니까?"
"그래도 기분은 좋아요. 자주 해야겠어요."

남자 한 분이 손을 들었다.
"저도 아내에게서 왔어요."
"뭐라 왔어요?"

"어떤 년에게 보낸 거야?"

우리는 뒤집어졌다.

"지금 기분이 어떠세요?"

"난생처음 해봤는데 제 아내 무지 당황했을 겁니다. 안 하던 짓 했으니. 무슨 일을 또 저질렀군 생각할 거예요. 하하하~"

여러 사람의 답변을 듣고 난 뒤 우리는 교재 23페이지를 폈다.
'가족에게 감사'라는 말과 함께 빈칸이 있었다.
'쓸 것도 없고, 보낼 사람도 없는 나에게 뭘 쓰라는 거야?'
그 곤혹스런 시간이 10분이나 주어졌다.
나는 달랑 두 줄을 쓰고 쓸 것이 없었다.
몇 사람이 앞에 나와서 교재에 적은 감사 내용을 발표했다.
순간 내 귀를 의심했다.

- 엄마가 여섯 번이나 바뀌어서 누가 엄마인지 모르지만
  엄마 예쁠 거라 생각하니 감사.
- 대표에게 사표 쓰고 왔는데 수리 안 하고 기다리고 있다니 감사.
- 아픈 일들 이제는 추억으로 간직할 수 있어 감사.
- 희귀병으로 한쪽 시력을 잃었지만 아직 한쪽은 희미하게 볼 수 있어 감사.
- 공부 못하는 아들이 건강하게 곁에 있어주는 것만으로 감사.
- 전날 항암 치료 받고 들어왔는데 몸이 쌩쌩하게 버텨주니 감사.
- 비록 나를 낳아준 엄마와 백일 만에 헤어졌지만
  나를 길러준 할머니가 있어 감사.

마지막으로 닉네임 '오백원' 님의 감사는 또 다른 감동이었다.
그녀는 대장 직장암으로 스물다섯 번이나 수술한 분이었다.

- 대장이 없어서 졸병이어서 감사.
- 직장이 없어서 백수이니 감사.
- 황금주머니(인공 변기주머니)를 달고 다니니 감사.

나는 충격을 먹었다.
사람들이 가면을 쓰고 있는 것 같았다.
'몇 년째 투병하면서 어떻게 감사할 수 있단 말인가?'
'엄마가 백일 만에 나를 두고 갔는데 어떻게 감사할 수 있단 말인가?'
사람들을 향한 분노가 올라왔다.
'감사할 것이 없으니 이제는 거짓말로 보여주기 위해 감사를 하는군.'

하늘웃음은 없더라도 무조건 열 가지를 쓰게 했다.
"여러분, 감사할 내용이 없는 것이 아닙니다. 단지 찾지 못하는 것입니다. 부분의 상처가 인생 전체를 가리기 때문입니다."

나는 얼른 볼펜을 들고 내키지 않는 감사를 기록했다.
1. 얼굴도 기억나지 않지만 부모가 있어서 감사.
2. 어린 시절 감나무집 영감탱이 혼내줘서 감사.
3. 다리 밑에 떨어졌을 때 나를 위해 달려온 엄마 생각이 나서 감사.
4. ······.

5. …….

6. …….

더 이상 쓸 것이 없었다.
시간마다 최선을 다하자고 마음먹었는데
더 이상 감사할 좋은 일이 생각나지 않았다.
남이 볼까 싶어 얼른 교재를 덮어버렸다.
"여러분, 감사는 좋은 일에만 있는 것이 아닙니다.
아프고 힘든 일이라도 감사한 점을 찾게 되면
무게가 훨씬 가벼워질 것입니다."
첫째 날의 모든 프로그램은 '감사 10계명'을 읽으며 마무리되었다.

* 감사 10계명 - 한국웃음연구소

1. 작고 사소한 것에 감사하라.

    (일상이 행복해진다.)

2. 가진 것에 감사하라.

    (행복한 사람의 특징은 가진 것에 집중하는 사람이다.)

3. 일어나자마자 감사하고 잠자기 전에 감사하라.

    (하루에 시작과 끝이 될 것이다.)

4. 하루에 세 가지 이상 쓰며 감사하라.

    (행복통장에 기적이 차곡차곡 쌓일 것이다.)

5. 지금 하는 일에 감사하라.

    (지금 만족이 미래의 만족을 만든다.)

6. 꿈을 이룬 듯 미리 감사하라.
   (믿음이 현실이 될 것이다.)
7. 가족에게 하루에 한 번씩 감사하라.
   (힘의 원천은 가족이다.)
8. 만나는 사람마다 감사하라.
   (하는 일마다 술술 잘 풀릴 것이다.)
9. 소리 내어 감사하라.
   (행복한 파동은 전염이 가장 빠르다.)
10. 그럼에도 불구하고 무조건 감사하라.
    (당신에게 기적이 일어날 것이다.)

숙제가 주어졌다.
"여러분, 오늘 밤부터 내일 수업 전까지
부모님께 전화 한 통 하고 오세요."
'나를 낳아주셔서 감사합니다. 저의 부모님이 되어주셔서 감사합니다.'
배우자에게는 이런 숙제가 주어졌다.
'여보 나랑 결혼해줘서 고마워. 그리고 사랑해.'

하늘웃음이 마지막으로 한마디 하고 난 뒤 마이크가 꺼졌다.
"죽음 앞에서 내가 잘 살았다고 느끼기 위해
오늘 밤 꼭 해야 할 것이 무엇입니까?
안녕히 주무세요."
나만 제외하고 출입문 스마일 라인에서 15초 신나게 웃고 각자의 숙소로 향했다.

나는 강당에 혼자 남겨졌다.

전화할 가족이 없으니 감사라도 10개 채우고 가야지

그냥은 잠이 올 것 같지 않았다.

4. 오늘 신나게 웃을 수 있어서 감사.
5. 이렇게 혼자 남아서 끝까지 하니 감사.
6. 수녀님과 짝을 할 수 있어서 감사.
7. 숙소에 들어가면 잘 수 있어서 감사.
8. 핸드폰에 플래시가 있어 캄캄한 강의장에 혼자 있을 수 있어서 감사.
9. 아까보다 감사하는 것이 어렵지 않아서 감사.
10. 글씨를 쓸 줄 알아서 감사.

남들은 3분 안에 쓴 것을 무려 30분 걸려서 작성했다.

하지만 끝까지 할 수 있는 나를 보게 되어서 정말 감사한 하루다.

기를 펴려면
웃음클럽으로 시작하라

금요일, 둘째 날 새로운 아침이다.

'허걱'

얼마나 잘 잤는지 벌써 7시 10분이다.

7시 20분까지 잔디밭으로 집합해야 한다.

헐레벌떡 뛰어나갔더니 다른 사람들은 다 와 있었다.

옆 사람이 인사했다.

"해피바이러스, 어서 와."

"예~ 예. 안녕히 주무셨어요?"

나는 헐레벌떡 인사를 했다.

"당연하지!!!"

아침 체조는 어제 봤던 스태프가 진행했다.
"여러분, 안녕히 주무셨습니까? 웃음클럽을 하겠습니다."
'웃음클럽?'
"웃음클럽은 인도에서 시작되었습니다.
한국웃음연구소가 우리 실정에 맞게 만들어서
10년째 진행하고 있습니다.
시작하겠습니다. 환호성의 박수로 시작하겠습니다."
우리는 옆 사람을 보면서 환호성의 박수를 치며
활기차게 운동을 시작했다.

"자 우선 기지개를 펴겠습니다.
기지개란 기가 손가락 끝까지 열린다는 뜻입니다.
양손을 하늘로 뻗고 쭉쭉 기지개를 폅니다."
우리는 그대로 따라 하며 온몸을 스트레칭했다.
"자 저를 따라서 하나 둘 하나둘셋 하나 둘 하나둘셋."
우리는 리듬과 함께 박수를 치면서 따라 했다.

"자 이제는 호호 하하하 호호 하하하."
우리는 유치원생처럼 잘도 따라 했다.
옆 사람과도 손뼉을 마주치면서 호호 하하하 인사를 했다.
그러고는 숨을 깊이 들이마셨다가 뱉어 냈다.
'숨만 길게 잘 다스려도 장수한다는데……'

우리는 몇 차례 숨을 깊이 들이마신 후 길게 뱉어 냈다.
시원한 아침 공기가 내 영혼을 적시는 것 같았다.
웃고 나니 기분도 상쾌해졌다.
입 냄새 나면 어떻고 웃음소리가 어색하면 어떤가.
눈치 보지 않는다면 지금 내가 서 있는 곳은 행복이리라.

몇 차례 숨을 들이마시고 다양한 웃음법을 배웠다.
"자 여러분 '행복의 잔 웃음법'을 가르쳐드리겠습니다.
첫째, 양손으로 두 개의 잔을 만드세요.
둘째, 두 개의 잔에 행복과 건강을 채우세요.
셋째, 양쪽을 칵테일하겠습니다.
5초 길게 웃으면서

넷째, 입으로 들이마시면서 15초 길게 웃으면 됩니다.
다섯째는 '된다 박수'로 마무리하면 됩니다."

우리는 따라 했고 행복의 잔을 마셨다.
상상만으로도 건강과 행복을 마신 기분이다.
우리의 뇌는 실상과 가상을 구분하지 못한다.
또한 우리의 뇌는 남과 나를 구분하지 못한다.
남을 욕하면 나를 욕하는 것과 같고,
남을 축복하면 나를 축복하는 것과 같다.
그러기에 뇌만 잘 사용해도 인생은 성공한다.
웃고 떠드는 사이에 벌써 30분이 지나버렸다.

"여러분, 웃음클럽을 마무리하겠습니다. 저를 따라 해보세요."
우리는 양손을 포개서 가슴을 두드리며 이렇게 말했다.
"나는 내가 좋다. 나는 내가 참 좋다. 나는 내가 아무 조건 없이 참 좋다."
우리는 세 번 반복하고 크게 웃으면서 박장대소했다.
"자 이제부터 옆 사람과 상쾌한 아침을 나누면서
식당으로 이동하겠습니다."

아침 일찍 이렇게 상쾌한 기분은 처음이다.
매일 아침 침침한 고시원에서 칙칙한 아침을 맞이했는데……
나와 나란히 걷는 분과 인사를 했다.

"늘감사 님 안녕하세요?"

"해피바이러스 님도 잘 주무셨어요?"

"아~ 예 그럭저럭요."

늘감사 님은 자신은 영업하는 사람이라고 소개했다.

2년 전에 행복여행을 수강한 팀장의 소개로 왔다고 했다.

"저희 팀장님은 영업하기 전에 웃음클럽과 에어로빅을 해요.

매출에 성과가 없자 팀장님이 아침부터 춤과 웃음을 도입했어요.

스트레스 해소하고 자지러지게 웃기만 했는데 조원들이 달라진 거예요.

행복하면 매출도 눈에 보이게 상승하더라고요."

내가 잘 들어줘서 그런지 늘감사 님은 신바람 나서 이야기했다.

"한 번은 팀 영업이 '꽝'인 날이 있었어요.

저희 세계에서 이런 날은 빵 먹었다고 해요.

그날 저도 영업일을 때려치우고 싶었거든요.

고객들이 치사하고 더럽고, 자존심 상해서.

그런데 팀장님이 그러더군요.

'내가 오늘 기분이 더러우니까 권총웃음법을 쏜다.'

'탕 탕 탕탕탕'

그러면 우리는 손을 들고 웃어야 하거든요.

이렇게요.

'하 하 하하하~'

신나게 웃고 나니 까짓것 어디 가도 똑같지 뭐.

그래서 다시 눌러앉았어요.
웃음이 정말로 스트레스의 방탄조끼예요."

갑자기 늘감사 님이 나를 보더니 물었다.
"해피바이러스 님은 왜 왔어요? 얼굴 고치러?"
내 얼굴에 혹 같은 것을 보더니 물었다.
"저는……."
대답을 얼버무리고 있는데 누군가 나를 불렀다.
벌써 3층에 있는 식당에 도착한 것이다.
"이리 와, 해피바이러스!"

조원들이 밥을 같이 먹자고 나를 부른 것이다.
늘 혼자서 때워야 했던 아침인데,
아침상을 친구들과 함께하기는 처음이다.
"감사히 잘 먹겠습니다. 하 하하 하하하."
우리는 밥 먹을 때도 그냥 못 먹었다.
15초 길게 웃어야만 밥을 먹을 수 있었다.
스태프 한 명이 "컷cut!" 하고 소리쳤다.
너무나 짧게 웃었다는 것이다.
우리 조는 다시 크고 길게 배와 온몸으로 웃어댔다.
스태프가 소리쳤다.
"통과!"

너무나 행복했다.

같이 먹을 수 있는 사람이 있어서 행복했고, 웃고 먹을 수 있어 행복했다.

이런 시스템을 만들어준 한국웃음연구소

이요셉, 김채송화 소장님에게 감사했다.

나는 밥을 먹으면서 스태프에게 물었다.

"하늘웃음은 어떻게 웃음치료를 하게 되었나요?"

하늘웃음은 1997년도에 한 병원에서 암 환자분들 상담을 했단다.

그러다가 우연히 해외 잡지에서 웃음치료를 보게 된 것이다.

'인도 마단 카타리나 의학박사의 웃음클럽'

하늘웃음은 그 길로 휴가를 내고 인도에 갔단다.

그래서 시작한 것이 우리나라 최초의 웃음치료다.

없던 직업을 우리나라 실정에 맞게 만든 것이다.

'환자들만 도울 수 있다면,

저 사람들의 마음을 밝게 만들어줄 수만 있다면……'

이렇게 시작된 웃음치료가 벌써 15년이 넘었다.

그 이후로 하늘웃음은 인도, 미국, 중국 등 많은 곳에서

힐링과 웃음문화를 전파했다.

신체를 과학과 의학, 마음 힐링으로 잘 조화시킨 웃음클럽.

웃음클럽으로 아침에 한 번 웃는 것이 보약 10첩보다 좋다고 한다.

웃으면 마음이 즐겁고 마음이 즐거우면 삶이 즐겁기 때문이다.

2003년부터는 웃음을 경영에 도입했다.
'웃음으로 마음의 공간을 만들자. 그리고 밝은 문화를 만들자.'
웃음경영은 스트레스 해소뿐 아니라 자신감, 자존감을 높여
원활한 소통과 행복한 일터를 조성해 성장하는 기업을 만든다.

웃음치료에 관한 역사를 듣다 보니 시간 가는 줄도 몰랐다.
후다닥 생활웃음법을 하고 9시에서 10분 전에 강의장에 도착했다.
기대되는 하루가 시작될 것 같다.

무의식을 바꾸려면
생활웃음법을 하라

세상은 흥미 있는 일로 가득하다.
꿀맛 같은 아침 식사를 마치고 '행복여행' 두 번째 날이 시작되었다.
사람들의 얼굴 표정을 보니 천국이 따로 없다.
갖지 못한 것을 그렇게 좇던 우리
지금은 가진 것에 감사하는 우리
우리 얼굴에는 아무 걱정이 없어 보인다.
그래서 그런지 웃음소리도 어제보다 여유 있고 자연스럽다.
'웃음소리는 내면의 소리'라더니 이제야 이해할 것 같다.

우리는 강의장에 8시 50분까지 도착하기 위해 바삐 움직였다.

아침부터 출입문에 웬 보초가 서 있었다.

일명 '웃음보안관' 시스템이다.

출입문 바닥에 한 줄로 노란 스티커가 덕지덕지 붙어 있었다.

그 선을 넘을 때 15초 웃어야만 통과할 수 있는

'스마일 라인' 시스템이다.

웃음보안관은 15초간 크고 길게 배와 온몸으로 웃었는지를

체크하는 사람이다.

그렇게 웃지 않으면 출입문을 통과시키지 않는다.

2박 3일 동안 몸에 배야만 내 것이 되기 때문이다.

행동은 습관을 따라가고 습관은 습성을 따라간다.

습성은 원래대로 돌아가려는 경향이 강해서 이것만큼은 철저해야 한다.

한바탕 웃고 자리에 앉으니 너나없이 기분이 좋다.

기분이 좋아야 열정도 생기고, 호기심도 생기고 협력하는 힘도 생긴다.

핑크색 생활한복을 입은 하늘웃음이 인사를 한 후
습관의 중요성을 얘기했다.
"우리의 행동을 바꾸는 방법에는 두 가지가 있습니다.
인지를 통해서 관점을 이동하여 삶을 바꾸는 방법 하나,
행동을 통해서 관점을 바꾸는 방법 하나.
여러분은 여기서 행동치료를 통해 인지를 바꿔가고 있는 것입니다.
우리가 출입문을 통과할 때 외쳐야만 하는 이유이지요."

'나는 지금 행복을 선택한다. 좋습니다!!!'
크고 길게 배와 온몸으로 15초간 웃는 것이다.
교육은 익숙해져야 내 것이 된다.
또 하나의 생활웃음법이 있다.
'스마일 존zone'이다.
스마일 존은 간식 테이블 옆에 만들어져 있었다.
하트 모양의 스티커들이 붙어 있는데
누구든 그 공간에 들어가면 웃어야 한다.
수시로 우리의 감정은 요동하기 때문에
수시로 감정을 체인지하라는 의미다.

사회심리학자 히킨스에 의하면 사람은 세 가지로 인식한단다.

실제 자기, 이상 자기, 당위 자기.

실제 자기는 외모를 포함해서 직업, 수입, 역할, 능력 등을 말하고,

이상 자기는 앞으로 일어날 좋은 일을 꿈꾸는 자기다.

마지막으로 당위 자기는 의무적으로 느끼는 자기다.

우리는 이 사이에서 여러 가지 감정을 느낀다는 것이다.

실제 자기와 이상 자기의 거리감이 크면

우울, 낙담, 원망, 무력감 등이 생기고,

실제 자기와 당위 자기의 거리감이 크면

걱정, 불안, 공포, 두려움 등의 증세를 일으킨다.

그래서 우리는 늘 자신의 감정을 컨트롤할 수 있는 힘이 필요한데

그것이 '스마일 존이나 스마일 라인'이다.

한 번 웃고 나면 현재의 느낌에만 충실하게 되고,

실제 자기를 인정하며 이상 자기와 당위 자기를 조율하기 때문이다.

잠재의식 처방전의 대가 에밀 쿠에 박사는 이렇게 말했다.

'우리 몸은 상상만 해도 행동한 것과 같은 호르몬을 분비한다.'

지루할 정도로 반복되는 '생활웃음법'은

우리의 호르몬까지 바꿔가는 것이다.

얼굴과 표정은 물론이고 부정적인 언어까지 사라지게 만든다.

긍정적인 말이 긍정적인 삶을 창조하는 것처럼 말이다.

인디언 부족에게는 말더듬이가 없다고 한다.

왜?

그런 말이 없기 때문이다.

'웃을 일이 없다'라고 생각하면 웃을 일이 없는 것이다.

하지만 이곳에서 하루를 지낸 우리에게는 천지가 웃을 일로 차 있다.

'스마일 라인'과 '스마일 존' 앞에서

이유 없이 그냥 웃어야 하는 것이다.

'복이 와야 웃는 게 아니라 웃으면 복이온다.'

새로운 신념이 몸으로 느껴지는 것이다.

나는 자리에 앉으면서 다짐을 했다.

'이제는 자주 많이 지나다니리라.'

첫날은 소리를 낸다는 것이 나를 보이는 것 같아 정말 싫었다.

하지만 이제는 있는 모습 그대로 보이리라.

화가 나면 나는 대로, 울고 싶으면 울고, 웃고 싶으면 웃는 것이다.

세상에 가장 가엾은 사람은

자기 감정을 꼭꼭 숨기는 사람인지도 모른다.

웃지 못한다면 하루를 낭비하는 것인지도 모른다.

오늘도 내 생애 최고의 날이다

행복여행 둘째 날 첫 시간, '긍정으로 습관 2'
우리가 자리에 앉자 하늘웃음이 수업을 시작했다.
"잘 주무셨습니까?"
"당연하지!!"
"좋은 꿈 꾸셨습니까?"
"당연하지!!"
"아침에 일어나서 '생활웃음법' 하셨습니까?"
"당연하지!!"
소리가 퍽 줄어들었다.
몇 사람만 대답했으니까.

"최고의 날은 아무에게나 오지 않습니다. 선택하는 사람에게만 옵니다."
이 말에 우리는 은근히 찔렸다.
우리는 아침에 일어나서 생활웃음법을 해야 한다.
'오늘은 내 인생 최고의 날이다. 하 하하 하하하~'
아침에 일어나서 꼭 선택해야 할 숙제였다.
나는 솔직히 말해서 룸메이트에게 피해를 줄까 싶어서 안 했다.
아니 쪽팔려서, 혼자서 하는 것이 쑥스러워서 안 했다.
하늘웃음의 잔소리를 듣는 것이 마땅하다.

"여러분, 만 가지 약속은 누구나 합니다.
하지만 변화는 약속에서 오는 것이 아닙니다.
오늘의 한 가지 실천이 효력을 발휘합니다.
이제 웃음의 중요성을 머리와 가슴으로 인지했다면
이제는 발로 실천할 때입니다.
그래야 삶의 변화가 시작됩니다."
정말 맞는 잔소리다.

"자 복습할까요? 어깨를 펴시고 저를 따라 해보세요."
"오늘은 내 인생 최고의 날이다. 하 하하하하~"
"오늘은 내 인생 최고의 날이다. 하 하하하하~"
같이 할 때는 쉬운데 혼자 할 때는 왜 그리 어색한지 모르겠다.
반복적이고 지속적으로 해야 나를 바꿀 수 있는데…….

그래서 3%만이 부자가 되고,

그래서 3%만이 리더가 되나 보다.

소장님은 행복여행 출신인 대구의 한 분을 소개했다.

"대구에 사는 엄마입니다.

어린 시절 사랑받지 못한 엄마는 딸에게도 사랑을 줄 수 없었습니다.

엄마는 자주 딸에게 소리를 질렀지요.

정신을 차리고 나면 '이러면 안 되는데…….'

하지만 이미 물은 쏟아졌지요.

의식과 무의식의 싸움은 언제나 무의식의 승리로 끝납니다.

어린 딸이 놀다가 들어오면 하루에도 열 번을 넘게 빨래를 했답니다.

먼지 묻었다고 벗겨서 빨고, 흙이 묻었다고 벗겨서 빨고,

기분이 나쁘다고 벗겨서 빨고
그러다가 욱하는 감정에 어린 딸을 샤워기로 때리고
뒤돌아서는 후회하고 또 울고…….'

여러분, 삶의 스타일은 유전이 됩니다.
그래서 사랑받지 못한 엄마는 사랑을 줄 수 없습니다.
하지만 행복여행을 마친 엄마는 달라지기로 결심했습니다.
집에서 선택한 것이 생활웃음법이었습니다.
1년 동안 딸과 함께 잠자기 전에 생활웃음법을 했습니다.
'나는 점점 더 좋아지고 있다.'
'나는 내가 좋다. 나는 내가 참 좋다. 아무 조건 없이 참 좋다.'

물론 처음에는 '좋아지기는 개뿔'이라는 마음이 올라왔지요.
하지만 지속은 부정적인 감정이 줄게 만들었습니다.
열 번, 여덟 번, 다섯 번, …….
여러분, 어떤 상황에서도 변화할 수 있는 새로운 싹은 틉니다.
지속적이고 반복적인 것이 왜 중요한지 아십니까?
무의식은 세 가지에 의해 바뀌기 때문입니다.
첫째, 나의 모습을 있는 그대로 인정하는 것
둘째, 새로운 뇌의 시스템으로 바꾸는 것
셋째, 지속하고 반복해서 새로운 뇌의 시스템으로 고착시키는 것.

'나는 내가 참 좋다.'
'나는 내가 아무 조건 없이 참 좋다.'
여러분 생활웃음법, 하실랍니까, 안 하실랍니까?"
우리 쉰다섯 명은 다음부터 잘하겠다는 각오로 다시 외쳤다.

아침에 일어나자마자
"오늘은 내 생애 최고의 날이다. 하 하하하~"
아침 식탁에 앉아서
"감사히 잘 먹겠습니다. 하 하하하하~"
"감사히 잘 먹었습니다. 하 하하하하~"
현관문을 오고 가며
"나는 지금 행복을 선택한다. 하 하하하하~"
하루를 마무리하고 잠자리에 들어서
"나는 점점 더 좋아지고 있다. 하 하하하하~"

물론 까먹는 날도 있을 것이다.
아직 충분히 체득되지 않았으니까.
하지만 매일매일 내 선택의 결과를 인생에서 맛보게 될 것이다.

나만 나처럼
살 수 있다

우리는 생활웃음법의 중요성을 다시 한 번 듣고는
옆 사람과 어깨동무를 하면서 노래 한 곡을 불렀다.

당신에게선 꽃내음이 나네요
잠자는 나를 깨우고 가네요
싱그런 잎사귀 돋아난 가시처럼
어쩌면 당신은 장미를 닮았네요

당신의 모습이 장미꽃 같아
당신을 부를 때 당신을 부를 때

장미라고 할래요

당신에게선 꽃내음이 나네요
잠 못 이룬 나를 깨우고 가네요
어여쁜 꽃송이 가슴에 꽂으면
동화 속 왕자가 부럽지 않아요

당신의 모습이 장미꽃 같아
당신을 부를 때 당신을 부를 때
장미라고 할래요

당신에게선 꽃내음이 나네요
잠자는 나를 깨우고 가네요
싱그런 잎사귀 돋아난 가시처럼
어쩌면 당신은 장미를 닮았네요
어쩌면 당신은 장미를 닮았네요

하늘웃음은 우리에게 물었다.
"여러분 로또 당첨될 확률이 몇 퍼센트일까요?"
"……"
"로또 당첨될 확률은 8백5십만분의 1, 거의 불가능한 숫자랍니다."
'그렇지 정말 불가능한 숫자지.'

나는 2년째 로또를 사고 있는데 한 번도 맞은 적이 없다.
"그런데 로또보다 더 어려운 게 있습니다."
"……."
"우리가 이 땅에 태어날 확률은 3억분의 1, 더 기적 같은 숫자이지요."
'3억분의 1?'

3억 명이 백두산에서 출발해서 도착지는 한라산 꼭대기.
목숨을 건 마라톤이 시작된 것이다.
많은 사람이 낭떠러지에서 떨어져 죽고, 도적의 습격에 죽고
물 건너다 죽고 산 넘다가 죽고
부산에 도착하고 제주도에 도착하니 다 죽고 만 명만 남았다.
한라산 꼭대기에 올라서니 선착순 200명.

그때 가장 건강한 사람 200명만 남았다.
이제는 단 한 명만 선택될 것이다. 200명 중 단 한 명만.
그것이 바로 나라는 존재라는 것이다.
허걱. 그럼 내가 3억분의 1?

긍정으로 습관 '두 번째 이야기-자존감'이 시작되었다.
내가 누군지, 어디로 향해 가야 하는지 방향을 설정하는 시간이다.

"여러분, 나만 나처럼 살기 위해서는 반드시 정립돼야 할 것이 있습니다.
자존감입니다. 내 안의 믿음이고 확신, 나를 견고히 지켜주는 힘입니다."
많은 심리학자는 0세에서 6세까지 사랑을 받아야만
형성되는 것이 자존감이라고 한다.
하지만 하늘웃음은 여기서도 가능하다는 것이다.
간절히 원한다면 자아는 바뀔 수 있는 것이다.
'내가 누구인가?'라는 새로운 신념을 입히면······.

하늘웃음은 우리 모두에게 잠시 눈을 감으라고 했다.
"언제 사랑받았습니까?"
10초 후 또 다른 질문을 던졌다.
"언제 누구에게 받았습니까?"
'언제? 누구?'
나도 모르게 가슴이 죄어오는 듯했다.

나도 모르게 다리를 떨었고 손톱을 물어뜯었다.
기억이 나질 않았다.
"에이 씨~"

좀 전까지 그렇게 좋던 감정들이 순간 사라졌다.
아니 누군가를 물어뜯고 싶었는지도 모르겠다.
'왜 갑자기 저 말이 나를 환장하게 만드는 것일까?'
"여러분 자신에게 점수를 준다면 몇 점을 주시겠습니까?
내가 주는 점수가 바로 나입니다."
공자는 말했다.
'내가 나를 평가하는 기준이 다른 사람이 나를 평가하는 기준이 된다.'
나는 순간 소리를 지르고 싶었다.
'나도 안다고. 그런데 줄 수 있는 점수가 없다고!'
내 심기가 불편한 것을 알았는지
아님 내가 안절부절못하는 것을 알았는지
내 짝꿍이 아무 말 없이 내 손을 꼭 잡아주었다.
나는 너무나 울고 싶었다.
나도 왜 그러는지 모르니까 도와달라고 외치고 싶었다.
'지금까지 잘하고 있던 나인데.
언제 사랑받았습니까 하는 말에 왜 뒤집어지는 것일까?'
하늘웃음이 나를 본 듯하더니 고개를 다른 쪽으로 돌렸다.

"저 또한 저에게 점수를 주지 못했습니다.

아버지에게 두들겨 맞고 난 이후 저는 필요 없는 존재였습니다.

아버지가 밥을 먹으라고 했습니다.

저는 싫다고 했지요.

몇 번 반복이 되었지요.

저는 숟가락을 들지 않았습니다.

그때 아버지는 저의 얼굴이 퉁퉁 부을 정도로 때렸습니다.

눈, 코, 입 구멍에서는 피가 철철 쏟아졌습니다.

왜 아버지는 그게 안 보였는지 모르겠습니다.

아버지는 그 상황에서 식사를 다 하셨습니다.

저는 아버지에게 복수할 심정으로

공부를 하지 않았는지도 모릅니다.

저는 아버지가 교편을 잡고 있는 학교의 학생이었고

'빵점쟁이'였습니다.

초등학교 시절 하루는 성적표를 가져왔는데

체육 빼고 모두 '가'였습니다.

이런 저를 보고 어머니는 혀를 찼지요.

'너 커서 뭐 될라카노? 빌어먹을 긴가? 니 형 좀 봐라. 반이라도 닮아라.'

하지만 기분 좋은 날 어머니는 이렇게도 말씀하셨습니다.

'너는 된다. 너는 무조건 잘된다.'

일관성 없는 양육 방식이 저를 헷갈리게 만들었습니다.

긍정적인 자아상과 부정적인 자아상을 동시에 가지게 된 것입니다.
그래서 기분 좋은 날은 긍정적인 자아상을 갖고,
기분 나쁜 날은 부정적인 자아상이 저를 지배했지요.

이제는 내가 부여한 참 나, 즉 대표 아이덴티티(자아상)를 가져야 합니다."
'내가 부여한 자아상?'
"종교가 있다면 신이 정의한 자아상이어도 괜찮습니다."
종교도 없고, 부모도 없는 나는 머리가 한없이 복잡해졌다.
'정말 나는 누구인가? 누구로 살아왔는가?'
'혼자서 외롭게 지금까지 살아왔는데, 나는 누구인가?'
누군가 말해줬으면 좋겠다.
'넌 누구야'라고 말해줬으면 좋겠다.
"현대인들은 자기가 맡은 역할이 곧 자기 자신이라고 착각합니다.
내가 누구인지 모르기 때문에 효능감이 나인 줄 착각하는 것입니다."

성형외과 의사이자 정신과 의사였던 맥스웰 몰츠는
『성공의 법칙』에서 이런 이야기를 했다.
한 아가씨가 성형수술을 하러 왔다.
예쁘게 수술을 해주었더니 생기 넘치고 당당한 사람이 되었다.
반면 한 아가씨는 더 예쁘게 성형을 해주었는데도
오히려 자괴감에 빠졌다.
'이건 내가 아니야 내 얼굴이 아니라고.'

첫 번째 아가씨는 달라진 얼굴을 자기 자신으로 받아들인 반면
두 번째 아가씨는 바뀐 이미지를 받아들이지 못한 것이다.
낮은 자존감 때문이다.

하늘웃음은 나를 주시했다.
그리고 따듯한 눈길로 말했다.
"여러분, 지금 분노가 치밀어 올라와도 괜찮고
지금 내가 누군지 당장 몰라도 괜찮습니다.
혼란스러울 때는 내면을 들여다볼 기회입니다.
그 안에 답이 있습니다.
일단 지금 감정 그대로 받아주고 인정해주세요.
그것이 자존감의 시작이니까요."

흉터는 별이 된다

'나는 누구인가? 어떻게 해야 나만 나답게 살 수 있을까?'
휴식 시간을 알렸지만 나는 자리에서 꿈쩍도 않고 앉아 있었다.
잠시 뒤 누군가 따듯한 물 한 잔을 내밀었다.
하늘웃음이었다.
그는 아무 말 없이 물 한 잔 내밀고는
내 등을 한 번 쓸어주고 자리를 떴다.
얼마 후 시작종이 울렸고 잔잔한 음악이 깔렸다.
10초 미소 명상이 시작됐다.

"10초 동안 미소를 지으며 조용히 눈을 감고 명상에 빠져봅니다.
'하~~~~' 천천히 내뱉습니다.

숨을 들이마시고 다시 한 번 길게 내뱉습니다.
'하~~~~' 천천히 길게 뱉어 냅니다.

오늘 아침 상쾌한 기분을 떠올립니다.
떠오르지 않아도 괜찮습니다.
있는 모습 그대로 괜찮습니다.
'하~~~~' 천천히 길게 내뱉습니다.

자 이제 몸을 의자에 편안하게 걸쳐봅니다.
의식을 머리에 둡니다.
머리가 가벼운지 무거운지…….

이제 의식을 어깨에 둡니다.
내가 긴장하고 있는지 굳어 있는지…….

자 이제 의식을 가슴에 둡니다.
가슴이 답답한지 편안한지.

자 이제 배에 의식을 둡니다.
차가운지 따듯한지.

자 이제 길게 숨을 들이마십니다.

얼굴에 미소를 머금고
길게 뱉어 냅니다.

자 이제 길게 숨을 들이마십니다.
그리고 조용히 말해봅니다.
'나는 내가 좋습니다. 나는 내가 참 좋습니다.
난 내가 아무 조건 없이 참 좋습니다.'
길게 뱉어 냅니다.

자 이제 조용히 눈을 뜹니다.
그리고 이렇게 말해줍니다.
'나는 내가 좋다. 나는 내가 참 좋다. 아무 조건 없이 참 좋다.'"

조금은 편안해진 마음으로 눈을 떴다.
PPT 화면에 짧은 글이 써 있었다.
'고통에 휘둘리지 않으려면 고통을 활용하는 법을 반드시 익혀야 한다.
그러면 고통은 별이 된다.'
우리는 몇 차례 깊은 호흡을 들이마시고 내뱉기를 반복했다.

최근 관공서 기관에 가장 많이 걸려 있는 장석주 시인의 시가 생각났다.
'대추 한 알도 저게 저절로 붉어질 리는 없다.
저 안에 태풍 몇 개, 저 안에 천둥 몇 개, 저 안에 벼락 몇 개

저게 저 혼자 둥글어질 리는 없다.
저 안에 무서리 내리는 몇 밤
저 안에 땡볕 두어 달
저 안에 초승달 몇 날이 들어서
둥글게 만드는 것일 게다'

태풍이 불지 않으면 바다는 썩는다고 한다.
바다가 다 썩어버리면 지구가 멸망한다고 한다.
지금의 태풍이 헤어 나올 수 없는 아픔인 것 같지만
결실을 향한 한 걸음이라는 것이다.
'분노도 좌절도 결실을 향한 한 걸음일까?'

하지만 상처가 별이 되기 위해서는 몇 가지 원칙이 필요하단다.

'첫째, 나를 있는 모습 그대로 인정하는 것'이다.

우리는 하늘웃음의 말을 따라 했다.

"있는 모습 그대로 나를 받아들이고 인정합니다."

작으면 작은 대로, 못생기면 못생긴 대로 힘들면 힘든 대로
이혼하면 이혼한 대로 백수면 백수인 대로 가진 게 없으면 없는 대로
나를 인정하고 나를 받아들이는 연습을 했다.

인정하고 나면 뇌의 회로를 만들어 '이상 자기'와 균형을 만들어야 한다.

'마치 이뤄진 것처럼' 구체적으로 상상하면 되는 것이다.

이것이 별이 되기 위한 두 번째 단계다.

하늘웃음의 초등 2학년 늦둥이 아들이 하루는 일기를 써놓았단다.

목요일에 토요일 일기를 상상하여 미리 써놓은 것이다.

일주일 동안 약속을 잘 지켜서 토요일 날 '터닝메카드'를 사는 날이었다.

날씨 : 해님이 방긋방긋 (토요일에는 비가 왔다. 심리적인 날씨가 맑음이었다.)

나는 오늘 문방구에 갔다.

문방구 왼쪽에 터닝메카드가 있었다.

나는 빨간색 터닝메카드를 샀다.

돈을 주고 샀다.

아저씨에게 인사를 하고 집에 오자마자 풀었다.

터닝메카드였다.

정말 기분이 좋았다.
오늘은 정말 행복한 날이다.

"아들은 매일같이 문방구에 가서 구경을 한 것입니다.
그리고 매일매일 터닝메카드를 보면서 생각한 것입니다.
저것은 내 거야.
여러분, 상상은 현실이 됩니다.
뇌의 회로가 만들어지면 이것은 현실입니다.
자아상도 똑같습니다.
어제까지 어떤 인생을 사셨는지는 더 이상 중요하지 않습니다.
이제부터는 내가 누구인지 알고
어떤 인생을 살아가야 하는지가 더 중요합니다."

한 분의 울음소리 때문에 잠시 침묵이 흘렀다.
우리는 그녀가 왜 갑자기 우는지 이유를 알고 싶었다.
마이크 잡아도 되냐고 묻고는 그분이 용기 내어 자신을 오픈했다.
"저는 이제까지 아무에게도 말하지 못한 일이 있습니다.
수치스러워서 어떤 누구에게도 말할 수가 없었습니다.
저는 근친상간을 당했습니다.
그 이후로 나는 나를 수치스럽다고 생각했습니다.
그리고 나 자신을 '나는 살아갈 가치조차 없는 아이야'라고 여겨
저 깊은 곳에 던져놓았습니다.

하지만 오늘 용기를 내겠습니다.
앞으로의 저의 인생이 중요해서 용기를 내겠습니다.
'나는 누구인지' 다시 생각하겠습니다."
저 사람이나 나나, 새로운 뇌를 만들기는 쉽지 않을 것이다.
하지만 과거의 벼락도 태풍도 오늘의 열매가 되는 데 도움이 될 것이다.

또 다른 사람이 그녀에게 용기를 얻어 손을 들었다.
"저는 약사입니다.
젊은 시절에 사고를 쳐서 딸을 낳았는데 말 못하는 아이가 태어났습니다.
부모님은 그 자식을 언니의 자식으로 호적에 등록했고
저는 버젓이 다른 사람과 결혼했습니다.
근처에 살면서도 '내가 네 엄마다'라고 말할 수 없었습니다.
그 아이는 아직도 제가 이모인 줄 압니다.
한평생 저는 죄책감을 가지고 살아왔습니다.
지금의 남편에게 언니에게 그 아이에게."
어린 시절 자신도 두려웠을 텐데
그 문제를 해결하지 못하는 것이 당연한 일 아닌가?
하지만 지금에 와서 그 문제를 어떻게 해결한단 말인가?
모든 선택은 그분만이 할 수 있는 것이다.

하늘웃음이 물었다.
"괜찮습니까?"

그녀는 울면서 말했다.

"저 집에 가면 말할 거예요.

내가 니 엄마라고…… 그리고 용서를 빌 거예요."

우리 모두는 발가벗은 사람이었다.

누가 더 창피하고, 누가 덜 창피하고도 없다.

우리 모두는 똑같기 때문이다.

우리 모두는 발가벗었기 때문에 다시 시작할 수 있는지도 모른다.

하루는 기자가 오프라 윈프리에게 물었단다.

"당신은 100킬로그램이 넘는 뚱뚱보에다가 흑인에다가

가난하고 성폭행을 당한 미혼모인데

어떻게 가장 영향력 있는 사람이 되었습니까?"
그러자 오프라 윈프리가 당당하게 말했다.
"그래서 뭐 어쨌다고 so what! 다 지나간 일인데 그래서 뭐 어쨌다고?"

하늘웃음은 우리에게 소리치게 했다.
"그것이 뭐 어쨌다고?"
"이혼한 것이 뭐 어쨌다고?"
"엄마가 버리고 간 것이 뭐 어쨌다고?"
"과거는 과거일 뿐이잖아."
우리는 울다가 웃다가 손뼉을 치며 웃었다.

"여러분, 지금이 중요합니다. 과거는 과거일 뿐입니다.
과거에 의미를 붙이면 지금도 영향력을 행사하지만
그 자체로만 보면 사건일 뿐입니다."
우리는 모두 자리에서 일어섰다.
그리고 나를 힘들게 하고 어렵게 했던 상처들을 그대로 직시했다.
우리는 각자의 의자 앞에 서서 하나의 사건을 보듯 물끄러미 주시했다.
하늘웃음은 그 의자에서 뒤로 한 발짝 떨어지게 했다.
우리는 그 상처와 상황에서 한 발짝씩 뒤로 물러섰다.
그리고 이렇게 외쳤다.
"그래서 뭐 어쨌다고. 과거는 과거일 뿐인데!"
우리 쉰다섯 명은 더 크게 외쳤다.

"그래서 뭐 어쨌다고. 과거는 과거일 뿐인데!"
그리고 두 발짝, 세 발짝 떨어졌다.

"이것이 10년 후에도 중요한 일입니까?"
하늘웃음이 아주 작은 목소리로 물었다.
"이것이 20년 후에도 중요한 일입니까?"
우리는 다섯 발짝 떨어졌다.
"이것이 100년 후에도 중요한 일입니까?"
죽음 앞에서 아니 죽었을지도 모르는 상황에서 이것이 그리 중요할까?
우리는 그 문제를 놓고 가소롭다고 여길 만큼 크게 웃어젖혔다.
"하 하하 하하하하~"
 "묻어두라는 의미가 절대로 아닙니다."

딛고 일어나 별이 되라는 의미입니다.
해결할 것은 해결하고 놓아버릴 것은 놓아버려
지금 자유로워지라는 것입니다."
그래야만 가난이라는 태풍, 미혼모라는 벼락, 성폭행이라는 토네이도가
아픈 사람을 안아줄 수 있는 별이 될 수 있다는 것이다.
그토록 외로웠던 과거가 별이 되면
바다와 같은 가슴이 될 수도 있다는 것이다.

새로운 자아상을 만들어라

하늘웃음은 분위기 전환을 위해서 퀴즈를 냈다.

"목욕탕에 들어가기 전 사람을 때 낀 놈이라고 합니다. 그렇다면 목욕탕에서 나온 사람을 네 자로 뭐라 할까요?"

해피머니 다섯 장이 걸렸다.

1조는 깨끗한 놈

2조는 목욕한 놈

3조는 시원한 놈

·

·

·

7조는 때 없는 놈

"정답은 '아까 그놈'입니다."

"여러분 때 낀 놈이나 아까 그놈이나 똑같습니다.
하지만 완전히 다른 놈이지요.
왜? 자아상이 바뀌었기 때문입니다.
하지만 그놈은 늘 그놈이 될 수도 있습니다.
천만다행인 것은 자아상은 나이 들어서도 바꿀 수 있다는 것입니다."

하늘웃음은 과거 하와이의 예를 들었다.
하와이는 과거에 알코올중독자, 마약중독자의 소굴이었단다.
대부분 부모의 삶이 그대로 대물림을 하는 게 일반인데
그럼에도 그 소굴에서 위대한 교육가, 사업가가 나오는 것이다.
한 심리학자가 그 이유를 조사하고, 이런 결론을 내렸다.
'한 사람에게라도 지지를 받거나 사랑을 받으면
그 아이는 절대로 삐뚤어지지 않는다.'
'한 사람이라도 믿음으로 바라본다면 바라본 대로 그 아이는 결정된다.'

이것은 미국 조지아 주 존슨 선생님 일화에서도 알 수 있다.
존슨 선생님은 선생님들이 가장 기피하는 빈민촌 초등학교에 지원했다.
친구들은 그 학교에 가는 것이 경력에 먹칠하는 것이라며 말렸다.
존슨 선생님은 부임한 첫날부터 아이들에게 활짝 웃어주었다.
그러고는 늘 이렇게 말했단다.

"여러분은 학자입니다. 학자가 뭐하는 사람이지요?
학자는 새로운 것을 배우고 배움을 즐거워하는 사람입니다."
다음 날도 그다음 날도.
아이들은 놀랍게도 불과 몇 달 만에
3학년 수준을 뛰어넘는 학생들이 되었고,
3학년 때는 6학년 학습 내용을 마스터하는 명문 학교가 되었다고 한다.

"어떻게 바라보느냐 하는 것은
무의식에 저장된 정보까지도 바꿔놓습니다.
나 자신을 어떻게 바라보느냐 하는 것은
나 자신에게 새로운 정보를 입히는 것과 같습니다."

하늘웃음의 말을 듣다 보니 바보온달이 그런 사례 같았다.
평강공주는 바보온달을 힘이 센 장군으로 바라봐주었다.
"서방님은 힘이 세고 성실하니 반드시 장군이 될 것입니다."
그의 새로운 자아상이 고구려의 장군으로 만든 것이다.

이제는 의자를 끌고 와서 조별로 동그랗게 앉았다.
우리가 바보온달에서 장군이 되는 시간이다.
의자 중에 하나가 황금 보자기로 씌워져 있었다.
감. 격. 수업이 시작된 것이다.

1. 세상에 단 하나밖에 없는 유일한 사람으로 바라봐주세요.(only one)
2. 앞사람을 무한 가능성의 존재로 바라봐주세요.
3. 앞사람이 나인 것처럼 바라봐주세요.
   저 사람의 모습이 내 모습이고, 내 모습이 저 사람의 모습인 것처럼.

조언과 충고는 금지되었다.
조장부터 황금 보자기를 씌운 의자에 앉았다.
"여러분은 나의 거울입니다. 저에게 선물을 주세요."

우리 조장은 '산적'이라는 닉네임을 가진 부동산 투자가였다.
"산적 님은 형님 같습니다. 아까 안마해주시는데 너무나 편안했습니다."
"산적 님은 프로이십니다."

제가 쉬는 시간에 부동산에 대해 물어봤는데 정말 해박하시더군요."
"산적 님은 본받고 싶은 사람입니다.
들어주시고 공감해주시고 배울 점이 많았습니다."
"산적 님은 고지식한 분이십니다. 왜냐하면 높은 지식을 가지셨습니다."
우리는 한바탕 웃었다.
"산적 님은 산적 같아요.
웃음소리가 호탕하고 속 시원해서 '대빵' 같아요."
"산적 님은 스마일 킹 같아요. 웃음소리가 전염돼요."
산적 님이 소감을 짧게 얘기했다.
"이런 칭찬 처음 듣습니다. 오랜만에 가슴이 뜁니다.
앞으로 잘 살겠습니다."

몇 사람을 한 다음에 내 차례가 되었다.
"여러분은 저의 거울이십니다. 저에게 선물을 주세요."
약간 긴장이 되었지만 이제는 당당해지기로 했다.
속에서는 불현듯 과거의 패턴으로 돌아가려 했지만
나는 가슴을 활짝 폈다.
이제 나에 대해서 '저 사람들이 어떻게 평가할까'는
더 이상 중요하지 않다.
"해피바이러스 님은 숨겨진 에너지가 많아 보여요. 끼 있는 사람이에요."
"해피바이러스 님은 웃는 모습이 천진난만해요. 백만 불짜리예요."
"해피바이러스 님은 비타민 같아요.

당신이 없으면 우리 조는 앙꼬 없는 찐빵. 진국이에요."
"해피바이러스 님은 조약돌 같아요.
주머니에 넣고 싶은 사랑스러움이세요."
"해피바이러스 님은 작은 별이에요. 누군가를 살리는 영혼 치료자!"
나는 노트에 칭찬들을 적으면서 울컥해서 울 뻔했다.
나를 이렇게 칭찬해준 사람은 없었다.
"감사합니다. 평생 듣고 싶은 말들을 들은 것 같아요. 부모님께……."

칭찬 샤워가 끝나자 하트 포스트잇을 한 장씩 나눠주었다.
"이제부터 자신이 정의한 자아상을 종이에 쓰십시오.
남에게 들었던 것도 좋고, 남 것이 좋아서 내 것으로
삼고 싶은 것도 좋고, 내가 나를 정의해도 좋습니다.
다 적은 후에는 왼쪽 가슴에 다십시오."
나는 망설이지 않고 이렇게 적었다.
'나는 사람을 살리는 끼 있는 사람이다.'
그리고 왼쪽 가슴에 보란 듯이 딱 붙였다.

나는 이 자아상에서 나를 찾게 될 것이다.
'언제 가장 신나지?'
'끼를 살리려면 지금부터 뭘 배워야 하지?'
'10년 후에 어떤 일을 하고 있을까?' 등등
한 사람씩 가운데 들어가고 나머지 사람들이 몸에 손을 얹었다.

가운데 들어간 사람은 눈을 감았다.

내가 누구인지 영혼 깊숙이 새길 수 있는 시간이다.

우리는 한 목소리로 일곱 번 올라갔다가 다섯 번 내려왔다.

그리고 서로가 할 수 있는 최고의 환호성을 보내주었다.

이어 '개선행진곡'이 강의장에 울렸다.

우리들은 목이 터져라 새로운 자아상을 외치고 다녔다.

세상이 들으라고 외쳤다.

그리고 나 자신에게 들으라고 외치고 다녔다.

"나는 사람을 살리는 끼 있는 사람이다."

하늘웃음은 최고의 에너지로 이렇게 소리 질렀다.

"여러분, 소크라테스는 이렇게 말합니다.

'Do you know yourself, 니 자신을 알라.'

이 말은 니 꼬라지를 알라는 뜻이 아닙니다.

니가 얼마나 굉장한 존재인지 알라는 뜻입니다.

여러분은 대단한 존재입니다.

가능성과 무한성을 가진 단 하나밖에 없는 존재 'only one'입니다."

그렇다.

우리는 50억 원짜리 현미경으로 본다면

눈이 부셔서 볼 수가 없는 존재들이다.

그중에 한 사람이 바로 나다.

성취감을 떠올리며
'자뻑'하라

우리는 이 기분을 그대로 유지하고 점심 식사를 했다.
어느 때보다도 밥이 맛있었다.
어떤 연세 드신 분은 "소장님께 절을 하겠다"며 기다리고 있었다.
평생 자신이 누구인지 모르고 살았는데 이제야 알았다는 것.
집에서는 안 넘어가던 밥이 이제는 술술 넘어간다는 것이다.
이렇게 점심 식사를 끝내고
한바탕 음악에 맞춰 춤을 추고 자리에 앉았다.

이 시간은 '김태희'라고 우겨도 좋은 '자뻑'의 시간이란다.
작가 지망생이라면 유명한 작가인 척해도 좋고,

영업부 신입 사원이라면 영업의 왕인 척해도 좋다.
뇌는 실상과 가상을 구분하지 못하기 때문에 자뻑할 땐 그런 줄 안다.

하늘웃음이 편안한 마음으로 물었다.
"가장 맛없는 감은 뭘까요?"
"땡감."
"아닙니다. 열등감입니다."
"그렇다면 가장 맛있는 감은 뭘까요?"
"자존감?"
"네, 자존감입니다.
자존감이란 스스로 존재하고 사랑하는 마음입니다.
지위나 역할, 효능감은 절대로 자존감이 아닙니다.
이제 여러분은 스스로가 누구인지 정립했습니다.
그것이 자아상입니다.
그 자아상을 있는 그대로 인정하는 것이 자존감입니다.

자, 그렇다면 '나는 이런 사람이야!' 라고 자뻑하실 분?
어떤 자랑도 좋습니다."
순간 침묵이 흘렀다.
서로 눈치만 보고 있었다.
나는 손을 번쩍 들었다.
그리고 처음으로 마이크를 잡았다.

나도 놀랄 일이다.

그래도 약간 떨렸다.

"어……. 저는요, 중학교 3학년 때 미팅을 하루에 세 번 했어요."

"미팅을 하루에 세 번이나!"

"예, 그런데 학교 끝나고 집에 가는데
세 여자가 교문에서 기다리고 있었어요."

"우와 세 명 모두 다?"

"예."

"기분이 어땠는데요?"

하늘웃음이 물었다.

"째졌지요. 제가 선택할 수 있었으니까요."

"우와~ 부럽당."

"제가 이런 사람이에요."

"우와~ 멋지다."

"저는 사람을 살리는 끼 있는 사람입니다."

누군가 장난쳤다.

"끼? 색?"

이제 나는 장난도 웃어넘길 힘이 생겼다.

"둘 다요."

모두가 환호성을 지르며 박수를 쳤다.

나를 향해서 쉰네 명이 삼삼칠 박수로 응원을 해주었다.

"당신 멋져 정말 멋져."
"당신 멋져 정말 최고."
정말 날아갈 것 같았다.
비록 날개가 하나뿐이라도 날 수 있을 것 같았다.
나는 원래 날 수 있도록 창조되었으니까.

『갈매기의 꿈』의 조나단이 절벽에 부딪쳐서 죽음의 상태에 이르렀다.
혼미한 상태에서 조나단은 멘토의 소리를 들을 수 있었다.
"네가 죽음을 선택하면 너는 반드시 죽게 될 것이지만
다시 날 수 있다 생각하면 반드시 다시 날 수 있게 될 거야."
이제 나는 조나단처럼 환경을 변화시킬 수 있는 내가 되기로 마음먹었다.

이번에는 부산에서 올라온 고2 학생이 마이크를 잡았다.
"저 노래 잘하거든요.
그런데 엄마가 절대로 가수는 안 된다는 거에요.
그래서 가족과 말을 안 한 지가 네 달이 되었거든요.
저 정말 노래 잘해요.
저는 정말 노래를 통해서 사람을 행복하게 만들고 싶어요."
우리들은 한목소리로 외쳤다.
"노래해!"
"노래해!"
그 학생은 노래를 불렀다.

우리는 "오빠" 소리를 지르고 난리가 났다.

그 학생의 노래를 듣고 기적이 일어났다.

죽어도 가수는 안 된다고 했던 엄마가

가장 크게 박수를 치고 있었던 것이다.

하늘웃음이 말했다.

"목표나 꿈은 이뤄지면 그것으로 끝납니다.

하지만 누군가를 행복하게 해주고 싶다는 가치는

목표로 가기 위한 방향입니다.

설령 목표에 도달해도 끝나지 않는 것입니다."

말이 끝나기 무섭게 누가 "에이 씨" 소리를 질렀다.

그 바람에 우리의 시선이 모두 그를 향했다.

40대 중반의 '김상사'였다.

누가 김상사를 밀어낸 것이다.

김상사는 짙은 선글러스를 쓰고 다녔다.

군 복무 시절 수류탄을 던졌는데

안 터져서 쳐다보는 순간 얼굴 앞에서 터진 것이다.

목숨은 건졌지만 얼굴과 목은 흉측하게 화상을 입었다.

입도 눈도 다물 수 없어서 선글라스로 가리고 25년을 살았다.

그는 여기에 오기까지 피해 의식으로 살았고 술로 살았다.

그런 김상사를 누가 밀어낸 것이다.

"뭐를 자뻑하실랍니까?"

김상사가 대답했다.

"에이 씨, 저는 춤밖에 할 것이 없는데."

"뭔 춤을 추실랍니까?"

"지르박."

수녀님이 나왔고 스태프가 음악을 틀었고 우리는 자지러졌다.

김상사는 너무나 행복해했다.

또 한 사람이 손을 들었다.

"소장님, 지도 마지막으로 자뻑할랍니다."

닉네임이 마리아였다.

"저는 수산업에 종사하고 있습니다. 제 직업이 뭘까요?"

"……."

"붕어빵 장사입니다. 그것도 광주에서 300원짜리."

2년 전만 해도 아우디를 타고 다닐 정도로 잘살았다고 한다.

그런데 잘나가던 남편이 주식 한 방에 몇 십 억을 날렸다.

이제는 지하 방에서 남편 없이 아이들과 하루하루를 살아간다.

"저, 죽은 사람처럼 지하실 방에 누워 있었습니다.

그런데 어느 날 막내딸이 그러더군요.

'엄마 집에 쌀이 떨어졌네?'

저는 그때 알았지요.

제가 엄마라는 사실을

자식들을 먹여 살려야 하는 가장이 되었다는 사실을.

이제는 저 자백할랍니다."

순간 나는 생각했다.

'저분이 뭘로 자백하려나? 자백할 정도로 자랑할 것이 뭐가 있어?'

그런데 마리아 님의 말은 우리에게 자신감을 불어넣었다.

"저 붕어빵 잘 굽습니다.

요즘은 안 태워 먹습니다.

여러분, 저를 응원해주세요. 그리고 지켜봐주세요.

살아 있다는 자산만으로 저는 다시 시작할 것입니다."

극한에 달해도 감사하는 사람들을 보니

세상에는 참으로 멋진 사람이 많은 것 같다.

우리는 한 유언 기사를 읽으며 이 시간을 마무리했다.

한 사람이 죽으면서 남긴 유언이란다.

'나는 큰 심장을 가지고 태어났다. 이것이 불행이었다.

하지만 이것은 행운이었다.

이것 때문에 나는 죽지만

이것 때문에 누군가는 이식수술을 받고 살 것이기 때문이다.'

근심과 괴로움을 이기려거든
이 책을 펼쳐서 읽고 또 읽어라.
한 장 한 장을 넘기노라면
과거와 현재, 그리고 다가올 미래가
아주 새롭게 보일 것이다.
그리고 모든 기쁨과 슬픔이 연기처럼
공허하고 덧없이 느껴질 것이다.

- 안톨로기아 팔라티나

둘째 날 - 두 번째 시간

4부
털어버릴 수 있는 용기 키우기

내면으로 여행

얼었던 영혼은
반드시 녹는다

'자뻑'의 시간이 지나고 30분간 레크리에이션 시간을 가졌다.
얼마 만에 놀아보는 것인지 우리는 모두 심장이 벌렁거렸다.
뛰는 심장을 가지고 우리는 강당에 그대로 누웠다.
'삶은 여행', 이상은의 음악이 흘렀다.

의미를 모를 땐 하얀 태양 바라봐
얼었던 영혼이 녹으리.

삶은 여행이니까 언젠가 끝나니까
소중한 너를 잃는 게 나는 두려웠지

하지만 이젠 알아

우리는 자유로이 살아가기 위해서

태어난 걸

일어나 자리에 앉으니 글 한 편이 적혀 있었다.

'자신을 위한 삶의 우선순위를 다시 정하는 법'
동부아프리카를 여행하던 중 만난 마사이족 족장에게 자신의
배낭에 들어 있는 신기한 물건들을 자랑하듯 모두 꺼내 보여준 저자.
그 물건들을 빤히 쳐다보던 족장은 그에게 이런 질문을 했다.

"이 모든 것이 당신을 행복하게 해줍니까?"
깊은 울림이 담긴 이 질문에 그는 그것들이 자신을 정말 행복하게 해주는지
따져보게 되었고, 가장 필요한 것들만 챙겨서 가방을 꾸렸고,
그는 남은 여행을 하는 동안 크게 불편함을 느끼지 않았으며,
훨씬 더 즐겁게 여정을 마칠 수 있었다.
– 『인생의 절반쯤 왔을 때 깨닫게 되는 것들』 가운데

하늘웃음은 이번 시간을 '내면으로 여행' 시간이라 했다.
"여러분 중에 여행 갈 때 이불 가지고 가는 분?"
"배낭여행을 할 때 빼고 누가 이불을 가져가요?" 하는데
누군가 손을 들었다.
하늘웃음도 아무도 없을 거라 생각했는지 당황한 눈치다.

"이불을 가져가요? 왜 가져가세요?"

"다른 사람이 쓰던 것은 더럽잖아요."

그분은 시댁에 갈 때도 물도 베개도 다 가지고 다니는 분이었다.

너무나 예민해서 무디게 살라고 시누이가 행복여행에 보내준 것이다.

사랑스런 조카와 오빠가 예민한 올케 언니 때문에 힘들어한다면서.

당황한 하늘웃음은 얼른 다른 질문을 했다.

"여행은 자주 가세요?"

"아뇨. 짐이 많아서 자주 못 가요."

웃음바다가 되었다.

홀가분하게 떠나는 것이 여행이다.

어찌 보면 인생도 여행일지 모른다.

한 할머니가 보따리를 이고 길을 가는데

트럭이 할머니 옆에 멈췄다.

"할머니 어디 가세요?"

"시장에."

"제가 태워드릴게요."

할머니는 운전석 옆 자리에 앉아서도 보따리를 이고 있었다.

트럭 아저씨가 물었단다.

"할머니, 보따리 내려놓으세요. 힘들잖아요."

그러자 할머니가 말했단다.

"미안혀서~."

"할머니 어차피 탄 것 편히 가세요."

인생도 마찬가지다.
"우리는 잠시 지구별에 여행 왔는지도 모릅니다.
홀가분하게 내려놓고 여행 가듯 살다 가면 어떨는지요?"
하늘웃음은 천상병의 시 「귀천」으로 이번 여행을 설명했다.

나 하늘로 돌아가리라.
새벽빛 와 닿으면 스러지는
이슬 더불어 손에 손을 잡고,

나 하늘로 돌아가리라.
노을빛 함께 단둘이서
기슭에서 놀다가 구름 손짓하면은,

나 하늘로 돌아가리라.
아름다운 이 세상 소풍 끝내는 날
가서, 아름다웠더라고 말하리라…….

가치만큼
삶의 여행이 시작된다

진정한 내 것을 얻으려면 내려놓아야 한다.
바로 이 순간
심금을 울리는 듯한 바이올린의 조용한 음악이
우리를 잠시 쉬고 싶게 만들었다.
가장 편한 자세를 취하라고 해서
우리는 의자에 몸을 걸치고 빨래처럼 늘어져서 쉬었다.
양손을 축 늘어뜨리고, 허리와 엉덩이는 쭉 빼고
그야말로 사지를 수양버들처럼 늘어뜨렸다.
그냥 이리 쉬고 싶었다.

조용한 힐송에 맞춰 명언이 낭독되었다.

'아름다운 마무리'
아름다운 마무리는
처음의 마음으로 돌아가는 것이다.
일의 과정에서, 길의 도중에서
잃어버린 초심을 회복하는 것이다.
- 법정

이렇게 계속 있으면 좋으련만……
우리는 잠시 쉼을 갖고 나서 다시 허리를 세웠다.
"웰빙을 잘하려면 어떻게 해야 할까요?"
"잘 먹어야겠지요."
나이 드신 분이 대답했다.
"잘 먹는 것도 중요하지요. 또 뭐가 있겠습니까?"
"웰다잉Welldying 해야 합니다."
지리산에서 사신다는 '신우주'님이 대답했다.

"위대한 철학자이자 황제였던 아우렐리우스도
『명상록』에서 이렇게 말합니다.
'삶을 원하면 죽음을 생각하라.
매 순간을 그대에게 주어진 마지막 시간이라고 생각하라.'"

이 말이 우리 모두를 멍 때리게 했다.
'잘 살려고 여기에 왔는데…… 웬 죽음?'

'어떻게 하면 잘 죽을 수 있을까?'
'죽음을 맞이할 때 어떻게 하면 잘 살았다고 느낄까?'
심지어 어떤 사람은 이렇게 생각할 수도 있을 것이다.
'뭔 소리야? 아직 살아갈 날이 얼마나 많은데…….
많은 사람들은 죽음이 나와는 상관이 없다고 생각하니까.
그래서 아름다운 마무리를 못하는지도 모르지만 말이다.

"이번 시간은 밖으로 나가는 시간입니다.
자연과 나 사이에서 묻고 또 묻는 시간이 될 것입니다."
자연을 통해 나를 만나는 90분의 시간이 주어졌고
몇 가지 제약이 부여되었다.
1. 절대로 옆 사람과 얘기하지 말 것.
2. 자신의 심장과만 대화할 것.
3. 아주 천천히 걸을 것.
4. 휴대전화는 반납하고 나갈 것.
5. 마치 인디언처럼 걸을 것.

인디언들은 땅을 엄마라고 생각한단다.
그래서 사냥이나 급한 일 빼고는 절대로 뛰지 않는다.

발바닥으로 또는 내 숨결로 엄마를 만나기 위해서다.
그동안 나는 내 영혼은 어디에 따라오는지도 모르는 상태로 살았다.
내 성격, 내 취미, 가치관, 습관. 내가 뭘 좋아하는지도 모르고 살았다.
천천히 살아본 적이 없으니까.
그런데 이번에 처음으로 내 영혼을 만나게 될 것이다.
자신을 직시한다는 게 조금 두렵기도 하지만 설레기도 했다.

우리는 오른손을 심장에 대고 밖으로 나갔다.
내 심장이 37년 동안 살아준 것만도 고마웠다.
왼손에는 한 개의 편지 봉투가 쥐어졌다.
두 가지 미션이 들어 있을 것이다.
첫 번째 징소리가 울리면 첫 번째 미션을 펼쳐 볼 수 있다.
우리는 하늘웃음을 선두로 밖으로 천천히 걸어 나가.
자연 속에 각자 흩어졌다.
첫 번째 징이 울렸다.
나는 편지 봉투에서 첫 번째 과제를 꺼내 보았다.
'당신이 3일만 산다면……'

한 번도 생각해보지 못한 과제에 한동안 아무 생각이 없었다.
'3일만 볼 수 있다면'
헬렌 켈러에게나 해당하는 일이다.

만약 내가 이 세상을 사는 동안에
유일한 소망이 있다면
죽기 전에 꼭 3일 동안만 눈을 뜨고 보는 것이다.

만약 내가 눈을 뜨고 볼 수 있다면
나는 나의 눈을 뜨는 그 첫 순간
나를 이만큼 가르쳐주고 교육을 시켜준
나의 선생님 애니 설리번을 찾아가겠다.

지금까지 그의 특징과 얼굴 모습을
내 손끝으로 만져서 알던 그의 인자한 모습,
그리고 그의 아리따운 몸가짐을
몇 시간이라도 물끄러미 보면서
그의 모습을 나의 마음속 깊이 간직해두겠다.

다음엔 나의 친구들을 찾아가
그들의 모습과 웃음을 기억하고,

그다음엔 들로 산으로 산보를 나가겠다.

바람에 나풀거리는 아름다운 나무 잎사귀들,
들에 피어 있는 예쁜 꽃들과 풀들.

'과연 나에게 3일만 남아 있다면 나는 뭘 할까?
헬렌 켈러는 애니 설리번 선생님을 만나러 가지만 나는 누굴 만나지?
과연 나에게 3일만 남아 있다면 나는 뭘 할까?
잘 살고 있다고 말할 수 있을 정도로 내가 진정 원하는 것은 뭘까?'

왼쪽 가슴에 손을 얹고 조용히 내 소리를 듣기로 했다.
푸드덕 날아가는 어미 새를 보니 툭 튀어나오는 소리가 있었다.
'엄마를 만나야지.'
'가족?'
'그래 가족. 그리고 물어야지. 엄마는 내가 보고 싶었어?'
나는 고개를 흔들었다.
의식은 '아니야'라고 말하고 무의식은 '가족이야'라고 말하고.

나는 첫 번째 소리를 회피하고 싶어 화제를 돌렸다.
'그럼 둘째 날은 뭐 할 건데?'
'엄마랑 하루 종일 놀아야지!'
'그렇다면 셋째 날은?'
'기도해야지. 엄마를 만날 수 있게 해주셔서 감사하다고.'

그제야 알 것 같았다.
나를 버리고 간 엄마를 마음속 깊이 너무나 그리워한다는 것을
분노 밑에 숨겨진 그리움이 몸부림치고 있다는 것을 알 것 같았다.

두 번째 징이 울렸다.

편지 봉투에서 두 번째 과제를 펼쳐 보았다.

'당신은 이 세상을 떠날 때 어떤 사람으로 기억되고 싶은가?'

이 또한 한 번도 생각해보지 못한 과제다.

경영학의 아버지라 불리는 피터 드러커가 열세 살 때 이 질문을 받고

오늘날 그가 있었다고 하지만, 그것은 위대한 사람들만의 이야기다.

위대한 질문이 위대한 사람을 만든다고 하는데

나는 한 번도 안 해본 질문이다.

'나는 어떤 사람으로 기억되고 싶지?'

심장에 손을 대고 다시 물었다.

'너는 이 세상을 떠날 때 어떤 사람으로 기억되고 싶니?'

결과는 침묵이었다.

그냥 자연 속을 걸었다.

조급하지 않기로 했다.

노랗게 피어 있는 민들레꽃, 씀바귀꽃,

나무 한 그루에도 수십 가지의 색이 있었다.

봄이라고 연두색만 있는 것이 아니었다.

"봄에도 가치가 있고 연두색에도 가치가 있는 것처럼

가치 없는 사람은 없습니다.

그것을 찾지 못해서 우리는 허덕이는지도 모릅니다."

하늘웃음의 말이 생각났다.
"가치 없이는 지구별을 떠날 때
스스로 만족하는 사람이 될 수 없습니다."

나는 두 갈래 길에서 한 길을 선택했다.
그리고 그 길을 걸어 내려갔다.
흘러가는 남한강을 바라봤다.
고요함 속에 해답이 내 안에 있을 것이다.
커다란 느티나무에 몸을 기대었다.
잠시 눈을 감았다.
파란 잎사귀들 사이사이에 햇살이 스며들었다.
연두색 잎들이 바람에 한들한들 움직였다.
징소리가 연달아 다섯 번 울렸다.

벌써 90분이 흘렀고 강당으로 집합하라는 의미다.

'아니 시간이 벌써?'

천천히 걸어서 강당에 도착하니

모든 스태프가 미소를 머금고 우리를 기다렸다.

"소중한 시간이 되셨습니까? 어떤 소리를 들으셨습니까?"

곧바로 50대 중년의 부인이 손을 들었다.

닉네임은 '빵시리'였다.

과거에 사업을 크게 하신 분이었다.

"저에게 3일만 남았다면 뭘 할까 고민을 했습니다.

미운 남편이 생각났지요.

남편은 일거수일투족을 참견했습니다.

심지어 백화점에서 옷을 몇 벌 사고는 이렇게 말했습니다.

'월요일에는 이것 입고, 화요일에는 저것 입어, 수요일은······.'

제가 벌어다준 돈인데도 저는 용돈을 받아야만 했습니다.

남편은 아침이면 신발장 위에 단돈 5천원을 올려놨습니다.

아니 학용품 사는 것도 아니고, 너무 치사하고 더러웠지요.

한 달에 벌어다주는 것이 억이 넘는데······.

가만히 흘러가는 강을 보았습니다.

그런데 갑자기 이런 생각이 났습니다.

나에게 가장 소중한 것은······

남편인데……."
그녀는 울기 시작했다.

"제가 남편에게 저질렀던 일들이 생각났습니다.
가장 소중한 것이 가족인데…… 저는 남편에게 복수하고자
남편과 상의도 안 하고 1억씩 성당에 기부하곤 했습니다.
그러니 남편은 더 불안했지요.
전 그것을 즐겼는지도 모르겠습니다.
그런데 오늘은 그게 미안해서 많이도 울었습니다.
나만 힘들다고 생각했는데 남편도 많이 힘들었겠구나!
형편이 어려운 가정에서 자란 남편은 더 불안했겠구나!

제가 3일만 산다면
남편에게 '미안하다고 용서해 달라고 빌 것입니다.
아니 집에 가서 바로 무릎을 꿇을 것입니다."

놀라운 시간이었다.
자연 속에서 한 시간 남짓 심장호흡을 했을 뿐인데
많은 사람들이 자연 속에서 자신의 내면 소리를 들을 정도로
힐링을 경험했다.
삶의 목표를 재정비하는 시간이 된 것이다.
소중한 가치를 새로 발견하게 된 것이다.

하늘웃음이 말했다.

"여러분, 가치관은 목표를 찾아가는 방향입니다. 삶의 방향입니다."

호스피스 창시자 로스는 우리가 죽음 앞에서

후회하는 네 가지가 있다고 한다.

좀 더 웃을걸, 좀 더 사랑할걸, 좀 너 잘 살걸, 좀 더 배울걸.

좀 더 가질걸, 좀 더 갚아줄걸, 좀 더 높아질걸이 아니라는 것이다.

"여러분, 가정으로 돌아가면 사랑할 기회를 놓치지 마십시오.

인생에 기회가 많은 것 같지만 사랑할 기회는 그리 길지 않습니다."

짧은 글이 우리 마음을 대신했다.

사랑할 때가 있고 미워할 때가 있고
살아갈 때가 있고 죽을 때가 있다.
수고할 때가 있고 쉴 때가 있고
찾을 때가 있고 잃을 때가 있다.
지킬 때가 있고 버릴 때가 있다.

신념을 깨려면
심장으로 호흡하라

나는 이번 시간을 통과하면서 한 가지를 다짐한다.
내가 혼돈스러울 때, 여유가 없을 때 나만의 시간을 갖자.
가슴에 손을 대고 '진짜 원하는 것이 무엇인지' 묻자.
그리고 행동에 충실하자.

몇 사람이 나와서 발표를 했다.
그런데 한 사람이 눈치 없이 5분 하라는 것을 혼자서 20분을 했다.
사랑이 많아 보였던 우리의 인내심이 깨어지기 시작했다.
어떤 사람은 팔짱을 꼈고
심지어 어떤 사람은 고개를 떨궜다.

그런데 앞에 나오신 분은 우리보고 고개를 들라고 도리어 화를 냈다.
"사람이 앞에 나와서 얘기하는데 당연히 잘 들어야지."
자신의 잘못은 보지 못하고 우리에게 한 소리 했다.
하늘웃음이 끼어들지 않았다면 언짢은 일이 생겼을지도 모른다.
사람은 다 자기가 옳다고 생각하니까.

하늘웃음이 우리에게 말을 걸었다.
"여러분, 우리는 신념대로 살아갑니다. 옆 사람과 이야기 나눠보세요.
발표하는 사람은 당연히 ㅇㅇㅇ해야 한다."
당연히 짧게 해야 한다.
당연히 다른 사람을 배려해야 한다.
"여러분, 신념은 쌓이고 쌓여서 세상을 바라보는 틀이 됩니다.
사람과의 관계도 똑같고, 부부 관계도 똑같습니다.

다시 한 번 옆 사람과 말해보세요.
우리 남편은 당연히 ㅇㅇㅇ해야 한다.
우리 아내는 당연히 ㅇㅇㅇ해야 한다.
당연히 ㅇㅇㅇ하지 않으면 우리는 화를 내게 됩니다."
하늘웃음이 행복여행에 같이 온 부부 '산들'과 '시냇물'에게 물었다.
"산들 님, 아내 되시는 시냇물 님은 당연히 ㅇㅇㅇ해야 합니까?"
그러자 산들 님이 곧바로 대답했다.
"당연히 아침상에는 생선이 꼭 있어야 합니다."

시냇물 님이 말도 안 된다고 소리를 질렀다.
"그럼 시냇물 님, 남편 되시는 산들 님은 당연히 ㅇㅇㅇ해야 합니까?"
"절대로 술을 먹지 말아야 합니다."
평생을 술주정뱅이로 살았던 아버지의 모습을 용납할 수 없는 것이다.
시냇물 님의 소리를 듣자 여기저기서 남성들이 아우성쳤다.

"그건 말도 안 돼요. 술을 안 먹고 어떻게 살아?"
이러다간 남자 대 여자가 싸울 판이다.

하늘웃음은 이런 광경을 그냥 바라만 보더니 이렇게 말했다.
"그래서 우리는 날마다 정화가 필요합니다.
정화란 내가 가진 신념을 깨끗이 하는 것입니다.
왜 디톡스가 중요한지 아십니까?"

하와이에 있는 중증환자 특수병동 사례가 소개되었다.
아주 심한 정신질환 환자들이 모여 사는 미국 하와이 특수병동.
직원들의 이직률이 매우 높았다.
심지어 언제 환자들이 달려들지 몰라
직원들은 벽에 몸을 붙이고 걸어야만 했다.
'그런데 그런 병동에서 무슨 일이 벌어진 것일까?'
3년 만에 모든 환자들이 퇴원하는 기적이 벌어진 것이다.
휴렌 박사가 이 병동에 부임하고부터.

휴렌 박사는 환자들을 만나지 않고 치료에 들어갔다.
한 사람 한 사람의 차트를 보면서 이렇게 기도한 것이다.
"내 안에 어떤 기억과 정보가 있기에 이렇게 힘들어합니까?
미안합니다. 용서하세요. 감사합니다. 사랑합니다."
휴렌 박사가 기도한 지 2개월이 지나면서 사람들이 퇴원하기 시작했다.
그리고 3년 만에 기적적으로 모든 환자가 퇴원하는 일이 벌어졌다.
최고의 에너지 사랑으로 모든 것이 정화된 것이다.

자라온 환경이 다 다르고, 부모가 다 다른 상황에서
서로 다른 신념을 갖는 것은 당연한 일.
사랑으로 정화하지 않고서는 남을 이해할 수 없는 것이다.
우리는 가슴에 손을 얹고 심장호흡을 시작했다.
"미안합니다. 용서하세요. 감사합니다. 사랑합니다."
"미안합니다. 용서하세요. 감사합니다. 사랑합니다."
양자물리학에서 모든 에너지는 연결되어 있다고 보기에
서로가 통한다고 보는 것이다.

2년 전에 행복여행에 들어온 수호천사 님의 사례란다.
게임중독인 중학생 아들을 학교에서는 퇴학시킨다고 난리이고,
아들은 죽어버리겠다고 난리가 났다.
경계성 장애를 가진 아들이
충동적으로 어떤 짓을 저지를지 모를 일이었다.

수호천사 님은 매일 아들을 향해 기도와 함께 정화기도를 시작했다.
"미안합니다. 용서하세요. 감사합니다. 사랑합니다."
"미안합니다. 용서하세요. 감사합니다. 사랑합니다."

3개월이 지났을까?
하루는 아들에게서 문자메시지가 왔다.
'엄마, 이제는 학교에 다니려고요.'
'엄마, 오늘은 수업 시간에 안 잤어요.'
'엄마, 이번에 성적 좀 올려보려고요.'
'그래 고맙다. 사랑한다. 그리고 미안하다.'
게임중독에 빠지기 전에는 전교에서 1등 하던 아들이었다.
게임에 빠진 뒤 36명 중 35등 하던 아들이
수학 1등급, 국어 1등급, 사회 1등급의 기적을 일으켰다.

우리는 심장에 손을 대고 자기 자신을 위해 심장호흡을 했다.
"미안합니다. 용서하세요. 감사합니다. 사랑합니다."
5분 동안 지속적으로 우리는 자신에게 속삭였다.
그래, 남이 안 해주면 자신이 하면 되는 것이다.
여기저기서 훌쩍거리는 소리가 들렸다.

"인생의 마지막 순간에 무슨 말을 가장 많이 할까요?
통계치에 따르면 이 네 가지를 벗어나지 않는다고 합니다.

'미안해, 용서해줘, 고마워, 그리고 사랑해.'
이것이 마지막 순간에 할 수 있는 최고의 정화의 말입니다.
여러분, 살아 있을 때, 사랑할 힘이 남아 있을 때
우리 많이 고백하고 삽시다."

모험이 없으면
성장도 없다

너무나 오래 앉아 있었더니 온몸이 쑤셨다.
이렇게 앉아서 교육받기는 고등학교 이후로는 처음인 것 같다.
하지만 행복여행 이틀째라 생각하니 아쉽다.
이번 시간은 몸풀기로 수업을 시작했다.
행복여행 6기 졸업생 서희라는 가수가
프로그램을 경험하고 나서 만든 노래란다.

하하하하 하품해도 웃고
헤헤헤헤 헤어져도 웃고
호호호호 호탕하게 웃고

후후후후 후련하게 웃고

꼬인 일도 웃다 보니
답이 보이고
없던 복도 웃다 보니
굴러 온다네.

즐겁다고 생각하면
즐거운 인생
웃다 보니 행복하네
일단 한번 웃어봐.

하하하하 하품해도 웃고
헤헤헤헤 헤어져도 웃고
호호호호 호탕하게 웃고
후후후후 후련하게 웃고

손뼉을 치며 노래를 불렀다.
이번에는 한 스태프가 나와서 율동을 가르쳤다.
우리는 노래하며 율동에 맞춰 한바탕 흔들었다.
조금 전까지 하품하던 사람들이
한바탕 웃고 나니 피곤이 사라진 것이다.

우리 몸은 즐길 수만 있다면 언제든지 에너지를 만들어 내는 모양이다.
우리는 좀 더 열공을 위해서 즐겨보기로 했다.
짝꿍과 가위바위보 게임을 했다.
"아싸" 내가 이겼다.

"이기고 지는 것은 아무 상관없습니다.
얼굴 큰 사람이 먼저 얘기하세요."
"뭐야? 모처럼 이겼는데……."
이처럼 우리는 이기는 습관에 젖어 있다.
경쟁해야만 살아남는다는 신념을 가진 국민이 우리 국민이다.
그에 반해 일본 사람들은 남에게 피해를 절대 주지 마라,
미국 사람들은 팀을 만들어 서로 도와라,
중국 사람은 서로 성장할 때까지 서로 도와라 하고 말한다.
눈에 보이지 않는 힘이 신념이자 문화의 힘이다.
하늘웃음은 이제 우리만이라도 이 문화를 바꾸자고 했다.
"이제 이기는 문화에서 도전하는 문화로 만들어봅시다.
함께 웃고 살아가는 문화를 만들어갑시다."
우리는 환호성을 질렀다.

잠시 후, 도전했던 추억을 짝꿍과 나누는 시간이 주어졌다.
내 짝꿍 '뽀글이' 님이 몇 년 전에 한 일을 이야기했다.
"제가 남의 이목에서 자유롭지 못해요.

그래서 하루는 미친 짓을 하기로 했어요."
"어떤 도전을 했는데요?"
"남의 시선 의식하지 않고 하루 살아보기."
그래서 머리에 아주 큰 뽀글이 가발을 쓰고 출근했단다.
"안 창피했어요?"
"창피했지요. 그런데 정말 재미있는 것이 뭔지 아세요?
사람들이 슬쩍 쳐다보더라고요.
그러다가 눈이 마주치면 안 본 척해요.
어찌나 그 모습이 웃기던지
하루가 행복했다니까요."

"그 행동이 뽀글이 님에게 어떤 도움이 되었는데요?"
"그 후로 남의 눈치가 그리 안 중요해지던데요. 많이 자유로워졌어요."
내 짝꿍은 그 후로도 엉뚱한 짓을 했단다.
『화성에서 온 남자 금성에서 온 여자』의 저자 존 그레이 강연을
뽀글이 가발을 쓰고 수강한 것이다.
애써 놀라지 않은 척 안내자들이 묻더란다.
"어디서 오셨어요?"
"금성에서요."
웃음바다가 되었단다.
그날 이후로 내 짝꿍은 새로운 사실을 배웠다.
'한 번의 쪽팔림은 영원한 자유다.'

"그럼 해피바이러스 님은?"

"저는 지금부터 하려고요."

"그래도 도전해봤던 것이 있을 거 아녜요."

"도전?"

"장사라든가, 영업이라든가."

"아 그런 것도 되는 거예요?
저 백화점에서 프라이팬 영업 1등도 해봤고요,
옷 장사도 해봤고요, 지하철역에서 신발도 팔아봤어요."

뽀글이 님은 감탄을 했다.

"그런 것도 해봤어요? 멋있다. 이제 못할 게 없겠네."

나는 그 말에 놀랐다.

실패라고만 생각했지 도전이라고 생각해보지 않았으니까.

"해피바이러스 님의 인생은 지금부터네."

결정은 지금 머물고 있는 이 자리에서 시작하는 것이다.

나는 설레기 시작했다.

인생은 결과가 아니라 과정이다.

뽀글이 님이 한마디 더했다.

"해피바이러스 님, 스티브 잡스 알아요?"

"당근."

"그럼 그 말도 알아요? The journey is the reward."

나는 밤에 영어를 배워서 낮에 물어보면 아무것도 모른다.

다행히 뽀글이 님이 자기가 말하고 자기가 대답했다.

"도전하는 자체만으로 보상이다."

"도전이 꿈과 결합되면 환상입니다."
어느 날 하늘웃음이 제주도에 강의하러 가서 한 교수님을 만났단다.
이런저런 얘기를 하다가 그 교수님 아버지에 대한 일화를 듣게 되었단다.
팔순이 넘은 교수님의 아버지가
평상시와 다르게 오후 3시가 되면 사라지더란다.
팔순이 되신 분이 옷을 빼입고 머리를 단장하고…….
'저 양반이 필시 바람을 피우는 게 분명해.'
교수님의 어머니는 의심하게 되었단다.
참다못한 어머니가 하루는 노발대발하며 전화를 했다.
"아버지가 노망이 들었나보다. 이 나이에 바람을 피운다.
더는 니 아버지랑 못 살겠다."

급히 서울에서 내려간 교수님은 아버지에게 물었단다.
"도대체 어딜 가시는데요?"
"그냥…… 저기…….'
"아버지, 그 연세에 창피하게 무슨 여자예요?"
"아니다."
"그러면 단장하시고 매일 어딜 가시는데요?"
"그게 말이다~ 피…… 아…… 노, 피아노 배우러 간다."
"피아노요? 그 연세에?"

"내가 젊은 시절에 피아노를 배우고 싶었는데…… 돈이 없어서……."
"그럼 이제까지 피아노 배우러 다니신 거예요?"
"그래, 죽기 전에 한번 배우려고."
"그럼 말씀을 하시지."
"노망들었다는 얘기를 들을까 봐서 숨겨왔단다."
결국 아버지는 아흔셋 생신에 친지들을 모아놓고 피아노 독주를 했단다.

안일함에 도전하지 않으면 청춘은 사라진 것이다.
'마음만 먹으면 얼마든지'라는 그간의 변명이 부끄러웠던
하늘웃음은 그날로 도전 목록을 적었다.
1. 랩과 비트박스 공연하기
2. 할리우드에 가서 영어로 웃음 강연하기

"행동할 의지를 굳게 하는 방법 중에 하나는 떠들고 다니는 것입니다."
그날부터 하늘웃음은 떠들고 다녔단다.
'저 올 송년 모임에 랩 공연을 할 겁니다.'
"행동할 의지를 굳게 하는 또 한 방법은 글로 표현하는 것입니다."
글로 매일 꿈을 적다 보면 어느 순간 뇌의 생각이 정신과 결합되더란다.
그러면 이미지를 실체처럼 만들 수 있는 능력이 생긴다.

그 후로 하늘웃음은 6~7개월 거금을 주고 랩을 배우러 다녔고
송년 모임 때는 랩 공연을 했다.

40대에 랩을 하려니 중간에 때려치우고 싶은 마음이 굴뚝같았다.
들리지도 않고 본인이 들어도 시끄럽고, 혀도 안 돌아갔다.
밤 11시까지 "푸우푸우" 거리자
하루는 참다못한 중2 아들이 건의를 하더란다.
'11시 넘으면 푸우푸우 파 파 하지 않기'

두 번째 도전은 '이요셉, 할리우드에서 웃음 강연하기'
두 번째 도전은 진입 장벽이 높았다.
영어가 커다란 장벽이었다.
외국인에게 전화로 영어를 배우는데 한번은 그 외국인이 물었다.
들리지는 않지, 당황은 극도에 달했지,
"What did eat yesterday?"라는 말에 이렇게 대답한 것이다.
"I eat my wife, my son……."
그러자 가만히 듣고 있던 아내가 한마디 했다.
"다 잡아 먹어라."

국내에서는 스트레스 관리 웃음 특강, 행복 일터 강사로
최고의 대접을 받지만
'과연 해외에서도 웃음이 통할까?' 궁금해지더란다.
에라 모르겠다.
하늘웃음이 택한 방법은 암기였단다.
어차피 인생은 뜻이 있으면 길은 있는 법이란다.

영어로 된 원고를 달달 외우기로 한 것이다.

알아들을 수 없으니 먼저 리드하면 되고, 내가 하고 싶은 말만 하면 된다.

툭 치면 툭 나올 정도로 달달 외웠단다.

"All of you(여러분),

Laughter is the best medicine(웃음은 최고의 보약입니다).

Laughter relaxes the whole body(웃음은 몸 전체를 편안하게 합니다)."

결국 LA 할리우드에서 부채를 들고 웃음 특강을 했고,

말도 안 통하는 미국 중학교에 가서 3개 반에서 웃음 특강을 했단다.

보디랭귀지와 미소만 있으면 다 통한다는 것이다.

"여러분, 장애물은 뛰어넘으라고 있는 것입니다."

비로소 하늘웃음이 작은 거인 같아 보였다.

"또 한 분의 멋진 분을 소개합니다."

PPT 화면의 글을 하늘웃음이 낭독했다.

나는 젊었을 때 정말 열심히 일했습니다.

그 결과 나는 실력을 인정받았고,

존경을 받았습니다.

그 덕에 65세 때 당당한 은퇴를 할 수 있었죠.

그런 내가 30년 후인 95세 생일 때

얼마나 후회의 눈물을 흘렸는지 모릅니다.

내 65년의 생애는 자랑스럽고 떳떳했지만,

그 후 30년의 삶은 부끄럽고 후회되고,
비통한 삶이었습니다.

나는 퇴직 후 '이제 다 살았다. 남은 인생은 그냥 덤이다'라는 생각으로
그저 고통 없이 죽기만을 기다렸습니다.

덧없고 희망이 없는 삶
그런 삶을 무려 30년이나 살았습니다.

30년의 시간은 지금 내 나이 95세로 보면
3분의 1에 해당하는 기나긴 시간입니다.

만일 내가 퇴직할 때
앞으로 30년을 더 살 수 있다고 생각했다면
난 정말 그렇게 살지는 않았을 것입니다.

그때 나 스스로가 늙었다고
뭔가를 시작하기엔 늦었다고 생각했던 것이 큰 잘못이었습니다.

나는 지금 95세이지만 정신이 또렷합니다.
앞으로 10년, 20년을 더 살지 모릅니다.
이제 나는 하고 싶었던 어학 공부를 시작하려 합니다.

그 이유는 단 한 가지
10년 후 맞이하게 될 105번째 생일날
95세 때 왜 아무것도 시작하지 않았는지
후회하지 않기 위해서입니다.

피할 수 없다면
웃어버려라

벌써 금요일 저녁이다.
왜 이리 시간이 빨리 지나가는지
저녁을 먹으면서 내내 생각했다.
'하늘웃음도 멋있고, 김석규 이사장님도 멋있고 이제는 내 차례.'
7시에 강의장에 도착했다.
작자 미상의 글이 한 편 소개되었다.

사람 앞에서 웃는다는 것은 바보처럼 보이는 위험을 무릅쓰는 것입니다.
다른 사람에게 다가가는 것은
그에게 속을 수 있는 위험을 무릅쓰는 것입니다.

믿는다는 것은 실망할지도 모르는 위험을 무릅쓰는 것입니다.
노력하는 것은 실패할지도 모르는 위험을 무릅쓰는 것입니다.
그러나 모험은 감행되어야 합니다.

아무 모험도 하지 않는 이들은 그 순간의 고통이나 슬픔을
피할 수 있을지는 모르나 배울 수 없고 느낄 수 없으며
변화될 수 없고 성장할 수 없으며 사랑할 수 없고
진정으로 살아갈 수가 없습니다.

자유는 모험한 후에 얻는 것입니다.
모험하는 자만이 자유를 얻게 되는 것입니다.

"인생을 뭐라 생각하십니까?"
재미있는 답들이 나왔다.
"인생은 미완성."
"인생은 노세 노세 젊어서 노세."
"인생은 나그네 길."
"어느새 대중가요들이 우리의 인생이 되었네요."
그러나 아쉽게도 원하는 대답은 아니었다.

"인생은 희로애락입니다."
'희로애락?'

"희로애락 감정입니다. 그렇다면 감정은 어떻게 결정될까요?"
이제까지 감정은 선택에 의해 결정되었던 것이다.
2박 3일 동안 우리는 자신이 선택해서 희락을 경험했다.

하늘웃음은 현관을 가리켰다.
"스마일 라인을 건널 때마다 여러분은 선택했습니다.
'나는 지금 행복을 선택한다.'
만약 여러분이 울음을 선택했다면
심리 상태는 슬픔으로 들어갔을 것입니다.
'선택'한다는 것은 매우 중요한 일입니다.

저 또한 매일매일 웃음을 선택하고 삶을 선택합니다.
어느 날 아침, 기분이 좋건 나쁘건 무조건 웃기로 결심했습니다.
그런데 그날 아주 큰일이 벌어졌습니다.
중국 연길 과기대에서 강의가 있어 인천공항에 갔습니다.
안내 데스크에서 티켓팅을 하려는데 문제가 발생했습니다.
'비자는요?'
'비자요?'
중국을 한두 번 간 것이 아닌데 아무 생각 없이
중국 비자를 안 받은 것입니다.
'에이 씨, 오늘 웃기로 약속했는데.'"
하늘웃음은 핸드폰을 들고 전화가 온 척하면서 웃었단다.

독기를 빼고 여유가 생긴 하늘웃음은 아내에게 전화를 했다.
"여보, 중국 비자를 안 받았네."
"맙소사 아무 생각을 못 했네."
혼자서 몇 사람 역할을 하는 아내가 실수한 것이다.

결국 무비자로 청도에 도착, 무려 네 배의 돈을 더 주고
도착 비자를 받아 연길에 도착.
강의 한 타임을 놓치고 저녁 강의는 다행히 할 수 있었단다.
"웃어버리지 않았다면 저는 감정에 휘둘렸을 것입니다.
모든 탓을 아내에게 돌렸을 것입니다.
모든 것을 아내에게 떠넘겼을 것입니다.
여러분, 생각하는 힘이 얕으면 조급해지듯
웃어버릴 수 없다면 감정에 끌려 다닙니다."
이처럼 웃음은 감정을 정화하는 탁월한 능력이다.
그래서 오늘 우리는 감정을 선택하는 도전의 시간을 가질 것이다.
감정의 주인은 바로 나니까.

'희로애락'이 시작되었다.
현대인들은 감정에 점점 무뎌진다.
그래서 감정을 표현하지 못해 답답한 인생을 산다.
기계처럼 살아가는 것이다.
여기 들어오기 전의 나처럼.

'희'를 하기 위해 10분이라는 꽤 긴 시간이 주어졌다.
나는 남의 눈치를 보지 말고 체면 차리지 말고 웃기로 마음먹었다.

바보처럼 안과 겉이 같은 사람이 되고 싶었다.
눈치 보지 않는 사람, 희로애락 감정이 살아 있는 사람.
그래서 바보 중에는 암 환자가 없다고 한다.
스태프는 여기저기에 두루마리 휴지를 놓았다.
모두가 10분 동안 생전 처음 실컷 웃어보리라는 각오가 단단했다.
방송에서 아이들의 웃음소리가 흘러나왔다.
우리는 그 틈을 타서 웃고 또 웃어버렸다.
어떤 사람은 미친 사람처럼, 어떤 사람은 코에 휴지를 틀어박고,
어떤 사람은 뒹굴며, 어떤 사람은 아이처럼.
심지어 어떤 사람은 웃다가 울다가 웃다가 울다가를 반복했다.
태어나서 처음으로 안 해본 짓을 했다.

긴 시간 동안 웃어보지 않은 사람은 그 카타르시스를 모른다.
10분이라는 긴 시간을 통과하고 난 우리의 얼굴은
해탈한 것 같은 표정이었다.
웃었을 뿐인데 엄청난 정화가 일어났다.
몸은 땀으로 범벅이었지만 근심의 무게는 한 꺼풀 벗겨졌다.

하늘웃음은 그런 우리를 보며 말했다.

"여러분, 여러분의 감정이 나를 만들고 세상을 만들어갑니다.
진짜 나를 만들어갑니다.
감정 뒤에 숨어 있는 진짜 감정을 만나게 될 것입니다."
실제로 어떤 사람은 웃다가 울고 있었다.
진짜 감정들을 만난 것이다.
하지만 왜 우냐고 묻는 사람은 없다.
말 안 해도 우리는 안다.

'웃으니 이리도 좋은 세상'
'울고 나니 이리도 좋은 세상'이기 때문이다.

화내버려라
그리고 울어버려라

어떻게 3일을 때우고 가나 싶었는데 벌써 마지막 밤을 보내고 있다.
행복여행에 들어오기 전 이모는 말했다.
"철이야 마음껏 울고 와라."
이모가 가장 좋았다는 시간이 지금인 것 같다.
'내가 과연 울 수 있을까?'
'실컷 울고 갈 수 있을까?'
슬쩍 걱정이 되었다.

가위바위보를 해서 두 팀으로 나누었다.
이쪽 이긴 팀은 청팀, 저쪽 진 팀은 백팀.

우리는 바닥에 깔려 있는 신문지를 구겨 눈덩이처럼 뭉쳤다.

음악이 끝날 때까지 눈뭉치를 던지는 게임이었다.

"술래잡기 마빡이 마빡이"

신나는 노래가 나오자 우리의 승부욕이 발동했다.

우리 모두는 동심으로 돌아갔다.

상대 진영으로 물불을 안 가리고 신문지 뭉치를 5분 동안 던졌다.

"STOP" 사인이 떨어졌다.

지지 않으려는 승부욕 때문에 신문지는 중앙에만 모여 있었다.

"제가 이 게임을 몇 년 해봐도 결과는 똑같습니다.

가운데에만 쓰레기들이 모여 있습니다."

우리는 동심으로 돌아간 기분이었다.

누가 이기고 진 것은 안중에도 없다.

행복한데 이기고 지는 것이 무엇이 중요하겠는가.

노는 것으로 만족이다.

우리는 미소 띤 얼굴로 헉헉거리고 있었다.

하늘웃음은 갑자기 너덜너덜한 신문지들을 몸에 구겨 넣었다.

그러고는 만삭의 배를 만들었다.

그 배를 이렇게 불렀다.

미움, 집착, 분노, 시기, 질투, 좌절,

욕심, 수치, 자책, 우울, 외로움, 억울함, 무시…….

"이것들은 우리가 몸에 지니고 있는 감정들입니다.
오늘 이 핵심 감정들을 만나게 될 것입니다.
직면하지 않고서는, 어루만져주지 않고서는
절대로 나답게 살지 못하니까요."
감정을 다루지 않고서는 나답게 살지 못한다는 것이다.

하늘웃음이 말했다.
"저 또한 항상 외롭다고 느꼈습니다.
그런데 나중에 알았지요.
그것이 어린 시절 엄마랑 아빠랑 살지 못한 상처에서 왔다는 것을.
교편 잡은 아버지 월급으로 6남매를 먹여 살리기가 힘들었습니다.
그래서 엄마는 저를 안동에서 안 키우고
포항에 계신 할머니 할아버지에게 맡겼습니다.
저는 늘 논두렁에 서서 이렇게 생각했지요.
'나는 왜 엄마, 아빠와 같이 살지 못할까?'
결혼해서 중년의 나이가 되자 핵심 감정이 올라온 것입니다.
'나는 왜 외로울까?' 그래서 더 인정받으려고 애를 썼는지도 모릅니다.

한 번은 아내가 아이들을 데리고 여행을 다녀왔습니다.
물론 제가 허락을 했지요.
아내가 아이들과 두 달 만에 돌아왔을 때 저의 첫 마디가 '나가'였습니다.
아내는 기겁을 했지요.

'갔다 오라며…….'
그때는 그것이 저의 핵심 감정인 줄 몰랐습니다.
인정으로 그 외로움을 숨겼으니까.
이것이 감정 속에 숨겨진 진짜 감정입니다.

또 하나의 감정은 무시입니다.
엄마는 늘 형과 저를 비교했습니다.
그러던 어느 날 일이 터졌지요.
초등학교 5학년쯤 되었을까?
한 아주머니가 씩씩거리며 저희 집으로 달려왔습니다.
'보소, 이 집 아들이 우리 사과를 훔쳐 먹었다카이.'
엄마는 눈이 뒤집혀서 저를 때렸지요.
한마디 물어보지도 않고 저를 의심한 것입니다.
'엄마, 저 안 훔쳐 먹었어요.'
몇 번을 얘기해도 들으려 하지 않았습니다.
엄마는 학교 선생인 아버지 망신 다 시킨다며
무조건 두들겨 팼습니다.
그때 저는 알았지요.
'세상은 나를 무시하는구나.'
'세상을 살아가려면 힘을 키워야 하는구나!'

무시당했다는 그 감정은 언젠가는 폭발합니다.

사춘기에 폭발하든지 중년의 나이에 폭발하든지
가장 가까운 가족 앞에서 폭발합니다.
하루는 아내랑 싸움을 하는데 아내가 제게 손가락질을 했습니다.
'내가 뭘 잘못했는데? 말해봐' 하면서 손가락으로 가리킨 것입니다.
순간 저는 돌아버렸습니다.
엄마가 아버지에게 손가락질하던 장면이 오버랩 된 것이지요.
나를 무시한다고 느낀 것이지요.
어처구니없게요.
여러분, 이처럼 감정을 억압해두면 남과 소통은 물론
자신과의 소통도 어렵습니다."

하늘웃음은 몇 번 쿵쿵 뛰더니 쓰레기들을 쏟아버렸다.
"여러분, 오늘 우리 털어버립시다. 억울한 것, 무시당한 것.
이 시간만큼은 우리 모두가 용기를 냅시다.
두려움과 맞설 용기, 수치심과 맞설 용기, 웃어버릴 용기,
울어버릴 용기, 그리고 나답게 당당히 살아갑시다."

그렇다.
지금부터 어떤 사람은 가장 낮은 의식 레벨[20]에 속하는
수치심과 맞설 것이다.
성폭행이나 아동학대 경험자에게 주로 발생하는 수치심.
또 어떤 사람은 죄의식, 무기력, 두려움, 욕망과 맞설 것이고

어떤 사람은 에너지가 높은 150의 분노와 맞설 것이다.
피해버리지 않는다면,
그것은 몇 배의 용기로, 살아갈 용기로 바뀔 것이다.

이것이 행복여행의 하이라이트 '희로애락'을 하는 이유란다.
하늘웃음은 또 한 번 우리에게 부탁했다.
"지금부터 여러분은 연기자만 되면 됩니다."
'연기자?'
"연기를 하다가 나도 모르게 감정이 올라오면 받아주세요.
그 감정을 만날 수 있습니다."
스태프가 다시 강당에 신문지를 깔았다.
그리고 갑자기 불이 꺼졌다.
잠시 후 분노를 표출할 수 있는 음악이 귀가 찢어지도록 울렸다.
"자, 소리 지르는 연기를 하십시오.
저리 비켜~ 저리 가~ 꺼져버려~ 저리 비켜!"
커다란 북소리가 울리기 시작했다.
10분 동안 그 북소리는 우리 심장을 두들겼다.

여기저기서 사람들이 연기하기 시작했다.
"저리 비켜~ 저리 비키라고!"
"니가 뭔데? 꺼져버려."
"나쁜 새끼."

"니가 어떻게 그럴 수 있어!"

"엄마 왜 그랬어?"

처음에 연기로 시작한 감정 표현에서 진짜 감정을 만나기 시작했다.

어떤 사람은 화를 내지 않고 울기 시작했다.

"엄마 나를 두고 가지 마, 앞으로 잘할게요."

"나 혼자 어떻게 살라고, 엄마."

한 맺힌 울음소리가 강당에 울려 퍼졌다.

남자건 여자건 장년이건 젊은이건 울음바다였다.

하지만 나는 너무나 울고 싶은데 쉽게 눈물이 나오지 않았다.

'분노는 나쁜 거야! 화내면 안 돼!'

나는 또 다른 나와 씨름하고 있었다.

'그래 연기잖아. 그냥 연기하면 되는 거야.'

너무나 울고 싶었지만 어떻게 울어야 할지를 몰랐다.

그냥 신문지를 둘둘 말아 바닥만 툭툭 내려쳤다.

"에이 씨~ 더러운 세상~ 왜 이렇게 살기 힘들어~

에이 씨~ 더러운 세상~ 니가 뭔데 나를 버려~~

혼자서 어떻게 살아가라고~

인간의 도리는 해야 할 것 아냐~~~ 짐승이 아니고 사람이라면~~"

갑자기 뭔가 툭 올라왔다.

"짐승이 아니고 사람이라면~~~~~~"

분노가 치밀었다.

아버지가 엄마를 작대기로 때리는 장면이 떠올랐고
아버지가 엄마 머리를 휘어잡고 때리는 장면이 순간 떠올랐다.
미쳐버릴 것 같아 소리를 질렀다.
"야~ 개새끼야~ 니가 뭔데 우리 엄마를 때려?
매일 술만 먹고 들어오는 주제에~
차라리 죽어버려. 나가서 뒈져버리라구. 죽어버리라구~"
얼마나 울었는지, 얼마나 분노를 표출했는지
신문들이 갈기갈기 찢겨 있었다.
남들이 울음을 멈춘 뒤에도 나는 울었다.
37년의 모든 설움이 터진 것 같았다.

정말 많은 시간이 흘렀다.
밤 11시가 넘은 것 같다.
하늘웃음은 치던 북을 멈추고 말했다.
"이제 자리에 편하게 누우십시오. 울던 사람은 계속 우셔도 괜찮습니다."
그 후로도 몇 십 분 동안 울음은 계속되었다.
울음소리가 거의 잦아들었을 때 조용한 목소리가 흘러나왔다.

"여러분, 자기 자신에게 이렇게 말해줍니다.
니 맘 알아주지 못해서 미안해, 용서해줘.
견뎌줘서 고마워, 살아줘서 고마워."
그 소리에 우리는 또 흐느껴 울었다.

"괜찮아, 힘들어도 괜찮아, 울어도 괜찮아, 화내도 괜찮아.
있는 모습 그대로 괜찮아."
우리는 울음 섞인 소리로 자신을 위로했다.
가만히 누워서 세미나 강당 천장을 빤히 보고 있을 때
하늘웃음이 말했다.
"여러분 참 잘하셨습니다. 정말 수고하셨습니다.
눈에 눈물이 없으면 그 영혼도 아름다울 수 없습니다."

눈물이 없으면
영혼의 무지개도 없다

"사랑하는 딸들에게" - 김채송화

보이려고 노력하지 마라.
보이지 않는 것이 더 아름다운 법이란다.

애써 살려 하지 마라.
즐기면서 갈 때 가장 신나는 법이란다.

살다 지치면 그냥 쓰러져 쉬어라.
잠시 쉬었다 간들 한 끗 차이란다.

부딪힘이 다가오면 그냥 웃어버려라.
마음은 가벼운 것이 최고란다.

억울하고 억울할 때 그냥 울어버려라.
마음은 흘러가기 마련이란다.

사랑하는 딸들아,
수시로 마음을 살펴라.
내가 지금 어디로 흘러가고 있는지.

사랑하는 딸들아,
수시로 마음을 다스려라.
마음이 다스려지면 세상은 다스려지는 법이란다.

"더 이상 어제의 내가 아닙니다. 이젠 빠른 회복을 경험하실 것입니다."
우리는 조별로 앉아 노애(怒愛)를 통해 만난 감정들을 나누기 시작했다.
서로 흉볼 것도 없고 서로 감출 것도 없다.
상처 없는 사람은 없으니까.

40대 초반의 '사랑이' 님이 고백했다.
"저는 행복여행에 세 번째 들어옵니다.
아버지를 용서할 수가 없었거든요.

그런데 오늘에서야 아버지가 불쌍하게 보였습니다.

아버지는 군인이셨는데 집에 와서도 군인이었습니다.

술 먹고 들어오는 날은 잠자는 척해야 했습니다.

그러지 않으면 의자를 들어서 저희들에게 던지니까요.

어린 시절 대들다가 몇 번이나 의자로 머리를 맞았습니다.

제 머리에 피를 흘린 적이 한두 번이 아닙니다.

첫 번째 행복여행에서 아버지를 용서할 수 없었습니다.

두 번째 행복여행에서 이해는 되더군요.

그런데 오늘은 아버지가 한없이 가여웠습니다.

아버지도 사랑받지 못했구나! 나처럼.

그래서 사랑을 주는 방법을 몰랐겠구나!

어디 분풀이할 데가 없었구나!

나처럼."

이어 연세 많으신 '오뚜기' 님이 눈물을 닦아 내며 말문을 열었다.

"분노를 연기하라고 했을 때 남편에게 소리 질렀습니다.

'어떻게 니가 그럴 수 있어? 어떻게 니가 다른 여자랑 한 방에 있어?

그날 내가 찾아갔지.

그런데 사과 한마디 없이 나를 때려 나쁜 ××.

양심도 없니? 주먹으로 내 이빨을 부러뜨리고 나쁜 ××.'

있는 대로 욕했습니다. 너무 시원합니다.

평생 가슴속에 묻어두고 살려고 했는데…….

이제는 평생 붙잡고 살던 분노를 던져버릴 수 있을 것 같습니다.
너무나 홀가분합니다."

이제 내 차례가 되었다.
"전 평생 쓰고 살던 가면을 던져버린 기분입니다.
분노를 연기하라고 했을 때 못하겠더라고요.
일어나서 신문지로 바닥을 치며 '저리 비켜~ 저리 비켜' 하는데
엄마보다 아버지가 올라오더라고요.
처음에는 아버지를 무진장 욕했습니다.
나쁜 ××, 개×× 하면서 욕했습니다.
그리고 나서 울라고 해서 울었습니다.
아버지가 보고 싶어 엄청 울었습니다.
그리고 아버지 얼굴이 기억이 나질 않아 울었습니다.
지금 살아계실까요? 이 세상에 살고는 계실까요?"
나는 이 말을 하면서 또 울기 시작했다.
참고 살았던 세월의 눈물이 어찌나 쏟아지는지.
남에게 내 이야기를 했다는 것은 나에게 커다란 도전이었다.

이제 유방암 환자인 '호호' 님 차례다.
"저는 울고 싶어서 행복여행에 왔습니다. 저는 참는 것이 특기이지요.
어린 시절 엄마가 아파서 일본 소설 주인공 '오싱'처럼 살았습니다.
그러다 보니 화를 내는 것보다 참는 것이 편했지요.

그래서 암에 걸렸는지도 모르겠습니다.

화내버리고 울어버리는 시간이 있다고 들었기에 각오를 했습니다.

그래서 '노'를 하자마자 저는 신문지를 갈기갈기 찢었습니다.

그런데 분노의 대상이 저더군요.

'머저리, 뭐 하러 참고 살아? 소리도 한 번 못 질러보고.

그렇게 착한 척하면 누가 알아줘?'

저는 저 자신에게 화가 났습니다.

바보 같아서 쑥맥 같아서.

'애' 시간에는 '으흐흐흐' 연기를 했습니다.

어린 내가 울고 있더라고요.

너무 힘들어서…… 어린 나이에 너무 힘들어서……

저 자신이 너무나 불쌍해서 많이도 울었습니다.

이렇게 울고 나니 다시 살아갈 힘이 생깁니다.

그리고 저에게 말해주고 싶습니다.

잘했다고 말해주고 싶습니다."

일생에 한 번은 내가 살아왔던 경험을 뒤집어야 하는 모양이다.

그것이 다시 살아갈 수 있는 힘이지 않을까.

조별 소감이 끝나자 전체로 몇 사람이 나와서 소감을 나누어주었다.

'파랑새'였다.

"제 남동생이 몇 년 전에 자살을 했습니다.
그날 밤 동생은 저에게 전화를 했었습니다.
'누나, 나 술 좀 사주라.'
저는 그랬지요.
'술은 무슨 술? 빨리 집에나 들어가.'
그날 이후로 저는 동생을 보지 못했습니다.
이것이 살아가면서 저에게 죄책감이었습니다.
그런데 오늘 '노애'를 하면서 미안하다고 용서를 빌었습니다.
동생이 저의 용서를 받아주는 것 같았습니다.
이제 동생을 제 마음에서도 보낼 수 있을 것 같습니다.
감사합니다."

대구 사투리 쓰는 사람이 나와서 말했다.
"상처 난 풀잎이 향기롭다고 하더니
인간도 상처투성이기에 아름다운가 봅니다.
'노애'를 하는데 처음부터 엄마가 올라오더라고요.
저는 여러 번 자살을 시도했었습니다.
엄마에게 이런 소리를 한 번이라도 듣고 싶어서
'이년아 왜 그랬어? 엄마는 어떻게 살라고.'
그런데 한번도 못 들어봤습니다.
두 번째 신문지를 막 찢는데 또 엄마가 올라왔어요.
그래서 이렇게 소리 질렀어요.

'그렇게 힘들어? 날 사랑한다는 말이 그렇게 힘들어?

엄마는 벙어리야?

엄마는 바보야?

왜 아버지가 집 나가는데 안 붙잡아? 엄마가 죄인이야?

아빠가 집을 못 잊겠다며 집에 오면

그 집 여자가 찾아와서 엄마 머리를 잡아당겼지.

왜 내 남편 빼앗아 가냐고.

엄마가 본부인이지 그 여자가 본부인이야?

그런데 엄마는 왜, 왜 아무 말도 못해? 병신이야?'

엉엉 울었습니다.

소리 지르다가 울다가 소리 지르다가 울다가, 엄마가 불쌍하더라고요.

그래서 울었습니다.

'엄마, 나를 낳지 말지 그랬어?

그렇게 힘들 거면 나를 낳지 말지 그랬어.'

딸 낳았다는 죄로 평생 벙어리처럼 사신 엄마,

그 엄마가 생각나서 엉엉 울었어요.

왜 그 당시는 몰랐을까요?

엄마도 엄마의 아픈 가슴 삭이느라 저를 돌볼 여유가 없었다는 것을.

평생 나에게 눈길 한번 안 주었다고 미워하며 살았는데…….”

이번에도 대구 사람 활짝웃음 님이 마이크를 잡았다.

"저는 욕할 놈이 한 놈 있었습니다.
아니 죽여버리고 싶은 놈이 한 놈 있었습니다.
신문을 둘둘 말아서 후려 팼습니다.
'야 ××, 보증을 서달라고 해서 공장 네 채로 보증 서줬더니 도망을 가?
쫄딱 망해서 내가 얼마나 힘들었는지 알아?
너 찾으면 죽이려고 차에 낫을 싣고 다녔어.'
화낼 것이 얼마나 많던지 아직 반도 못했는데
북이 몇 번 울리더니 '애'가 시작됐습니다.
그동안 고생시킨 아내에게 미안해서,
참고 살아준 아내가 고마워서 울었습니다.
화내버리고 울어버리고 나니 지금 제 기분이 백지 같아요.
이제 다시 그림만 그리면 될 것 같아요."

한 사람 한 사람의 얘기가 우리 가슴을 오려 내는 듯했다.
잠시 후 회사에 다니는 젊은 청년이 손을 들었다.
회사에서 보내줘서 억지로 들어와 억지로 교육받는 친구였다.
"중학생 때 형과 싸우다가 형이 저를 칼로 찔렀습니다.
저는 죽지는 않았지만 그 후로 집을 나왔습니다.
엄마, 아빠, 형 이렇게 살고 저는 지금까지 혼자서 살아왔습니다.
일 년에 딱 두 번 엄마랑 통화는 하지만
형하고는 13년 동안 한 번도 연락하지 않았습니다.
아직도 형을 용서할 수는 없습니다.

하지만 이 시간이 끝나면 전화해보겠습니다."

'그 아픔을 누가 알랴. 그 아픔이 어떻게 한순간에 사라지랴!'
하지만 분명한 사실은 화내버릴 수 없다면 과거는 지금도 연속인 것이다.
반면 화내버릴 수 있다면, 울어버릴 수 있다면 과거는 과거일 뿐이다.
지나간 과거일 뿐이다.
더 이상의 의미가 없는 과거일 뿐이다.

진정한 행복은
지금 이 순간을 사는 것이다

우리는 조용한 분위기에서 화장실을 다녀왔다.

그리고 그 많은 신문지를 비닐봉지에 담고 청소했다.

마치 내 마음을 깨끗이 청소하는 것처럼.

이제 희로애락 중에 '락'만 남겨두었다.

이런 기분에 어떻게 춤을 추랴?

하늘웃음이 물었다.

"이제 희로애락 중 뭐가 남았습니까?"

"락(樂)이오."

"락은 다른 것과 다릅니다.

'희'는 웃어버리는 것입니다.
'노'와 '애'는 화내버린다,
울어버린다는 말입니다.
하지만 '락'은 즐겨버린다고 말하지 않고 '즐긴다'라고 얘기합니다.
지금 여기서만 느낄 수 있는 감정이 '락'이기 때문입니다."
『꾸뻬 씨의 행복 여행』에 나온 문구가 소개되었다.

진정한 행복은
먼 훗날 달성해야 할 목표가 아니라
지금 이 순간 존재하는 것입니다

지금 이 순간 당신이 행복하기로 선택한다면
당신은 얼마든지 행복할 수 있습니다.
그런데 안타까운 것은 대부분의 사람들이
행복을 목표로 삼으면서
지금 이 순간 행복해야 한다는 사실을
잊는다는 것입니다.

"여러분, 느낌은 우리를 지금 이 순간으로 돌아오게 만듭니다.
현재의 느낌에서 살지 않으면 과거에 대한 집착,
미래에 대한 두려움의 연속입니다.
지금 이 순간을 즐길 수 있다면 540룩스 기쁨의 에너지를 얻게 됩니다.

이런 기쁨이 생길 때 느끼는 것이 무엇인지 아십니까?"

이제 나는 자신 있게 말할 수 있을 것 같았다.

'삶의 의미'

"삶의 의미입니다.

빅터 프랭클이 말하는 것처럼 삶의 의미입니다."

그렇다.

빅터 프랭클은 삶의 의미가 우리를 살아가게 만든다고 했다.

제2차 세계대전 당시 아우슈비츠 수용소에서

빅터 프랭클은 죽을 고비를 수십 번 넘겼다.

그에게는 살아야 할 삶의 의미가 두 가지 있었단다.

'나는 여기서 꼭 살아남아서 사랑하는 아내를 만날 거야.

그리고 나가면 수용소에서 연구한 의미치료를 세상에 알릴 거야.'
이것이 그를 수용소에서 순간순간 살아남게 만든 삶의 의미란다.
그런데 이런 '삶의 의미'가 인생을 춤추게 만든다.

삶의 의미는 효능감에서 오는 것이 아니다.
그런데 우리는 이제까지 효능감, 역할, 직책, 경제력에서
찾으려고 애를 썼던 것이다.
그러다 보니 삶이 휘청거렸는지도 모른다.
경제력에 따라 내 삶의 의미가 커지거나 작아진 것이다.

"여러분, 저는 삶의 의미를 '웃음치료'에서 찾습니다.
'대한민국에 밝은 문화를 만들자'입니다.
웃으면 마음이 즐겁고 마음이 즐거우면 삶이 즐거워지기 때문입니다.
여러분, 저는 모든 가정에 웃음꽃이 필 때까지 웃음꽃을 피울 것입니다.
대한민국의 문화를 바꾸는 데 일원이 되어주시겠습니까?"
하늘웃음의 이 말은 나의 가슴을 뛰게 했다.
나의 어린 시절은 웃음이 없는 가정에서 보냈지만
앞으로의 내 가정은 웃음꽃이 피어나는 가정이 되길
간절히 소망하기 때문이다.

우리는 축제의 분위기로 마지막 '락'을 선택했다.
늦은 밤이지만 '락'은 우리의 인생을 춤추게 만들었다.

"렛츠 고~"

강의장 불이 어두워지더니 라이트가 돌아가기 시작했다.

'우와' 나이트클럽에 온 기분이었다.

우리는 언제 울었는지 언제 화를 냈는지 잊을 정도로 락에 빠져들었다.

역시 감정은 선택이다.

나는 흔들어대고 소리 지르고 막춤을 췄다.

이렇게 빨리도 감정이 바뀔 수 있다는 것이 신기할 따름이다.

모든 것은 내 선택이며 모든 것은 나의 책임이다.

하루 평균 10만 번 뛰는 심장, 한평생이면 26억 번을 뛰는 심장

너나없이 우리의 심장은 뛰고 있다.

이처럼 열정적인 심장을 가졌다는 것만으로 행복한 밤이다.

인생은 이제부터 시작이다.

"Bravo my life!"

힘껏 달려온 나의 인생을 향해 브라보!

다른 사람의 호감을 얻기 위한 여섯 가지 비결

1. 상대방에게 진심으로 관심을 기울여라.
2. 웃어라.
3. 상대방의 이름을 기억하라.
4. 잘 들어라.
5. 상대방의 관심사에 대하여 이야기하라.
6. 상대방이 인정받고 있다고 느끼게 하라.

이 모든 것은 내가 행복할 때 가능한 것이다.

셋째 날 – 첫 번째 시간

5
살맛 나는 인생 만들기

만남으로 성공

우리의 삶이
독백이 되지 않으려면

3일째, 마지막 날 첫 시간을 맞이하는 우리 기분은 양 갈래다.

아쉬움 하나, 사랑하는 가족에게 빨리 돌아가고 싶은 맘 하나.

집에 간다는 기쁨과 행복여행이 끝난다는 아쉬움이 공존했다.

첫 시간에 우리는 자신의 클로버 앞에 섰다.

그러고는 자신의 장점을 써내려갔다.

나에게 장점이 이렇게 많은 줄 몰랐다.

이 장점으로 성과를 낼 수 있다면 이것들은 나의 강점이 될 것이다.

많은 생각이 스쳐 갔다.

처음에 여기 왔을 때 장점을 한 가지도 못 쓰고 진땀을 뺐는데

장점을 술술 써 내려가는 나를 발견했다.

1. 나는 춤도 잘 춘다.
2. 나는 백만 불짜리 미소를 가진 사람이다.
3. 나는 남의 마음을 잘 위로할 수 있는 경험들이 있다.
4. 나는 감정이 살아 있다.
5. 나는 나를 만들어갈 수 있는 충분한 에너지가 있다.
6. 나는 잘 논다.
7. 나는 억수로 복이 많은 놈이다.
……

자리에 앉자 2박 3일의 요점 정리를 하는데 머리에 쏙쏙 들어왔다.
"인생을 한마디로 표현하면 생각의 총합입니다.
어떤 생각을 하느냐가 인생을 창조해나간다는 것을
여러분은 체험했습니다.
행복한 생각을 하는 사람은 행복한 삶을 만들어가고,
불행한 생각을 하는 사람은 불행한 삶으로
자신을 이끌어간다는 것을 배웠습니다.

생각이 보이는 두 곳이 어디이지요?
예, 맞습니다. 얼굴입니다.
얼굴은 생각의 통로입니다. 생각이 드러나는 곳이라는 뜻이지요.
두 번째는 말입니다.
그 사람의 말에서 그 사람의 생각을 볼 수 있었습니다.
이것을 바꾸는 과정으로 첫 번째 시간이 뭐였습니까?

맞습니다. '행복으로 초대' 시간이었습니다.

우리 삶의 열정을 끄집어내기 위해서

우리는 서로를 알아가는 시간을 가졌고, 신나게 놀았습니다.

그래서 만들어 낸 것이 풍요의식이었습니다.

풍요의식이 있어야만 어떤 변화를 가질 수 있는 공간이 생깁니다.

그리고 두 번째 시간으로 넘어갔습니다.

'환한 모습으로 변화'였습니다.

왜 '필 굿'이 중요한지 배웠습니다.

그 시간을 통해 체면과 형식을 털어버렸습니다.

감정을 털어버리면서 우리는 어린아이 자아를 선택했습니다.

제자리에 올 수 있는 회복탄력성을 키웠지요.

많은 사람들이 소통, 소통 하는데

기분이 좋지 않고서는 남을 받아들일 공간이 없습니다.

공간이 없으면 우리의 대화는 독백이 되는 것이지요.

환한 모습을 통해 자신감, 자존감을 만들 기틀을 마련한 것입니다.

그다음 이어진 것이 세 번째 '긍정으로 습관'이 진행되었습니다.

생각나십니까?

긍정으로 습관에 들어가기 앞서 마음의 때를 벗기는 작업을 했습니다.

사랑의 에너지를 만들기 위해 '포옹'을 선택했습니다.

기적의 에너지 포옹은 우리로 하여금

잃었던 따뜻한 가슴을 되찾기에 충분했습니다.

긍정으로 습관 첫 번째로 '마음웃기 감사'를 진행했습니다.
행복한 사람은 가지고 있는 것에 집중하고 감사한다는 것을 배웠지요.
작은 것에 감사하고, 사소한 것에 감사하고…….
우리 삶은 재해석이 되었습니다.

그뿐 아니라 가족이 최고의 VIP임을 피부로 느꼈지요.
즉 우리는 관점을 이동할 수 있었습니다.
아우렐리우스 황제가 훌륭한 조상, 훌륭한 부모, 훌륭한 형제,
훌륭한 스승, 친척과 친구들을 가진 것을 신에게 감사했고,
신들의 은총 덕분에 시련에 빠질 수 있는 상황을 비켜간 것에 감사했다면
우리는 신이 그리 아니하실지라도 감사할 수 있는 작은 힘을 가졌습니다.

둘째 날 아침도 긍정으로 습관이 이어졌습니다.
'나는 누구인가?' 가치관, 정체성 즉 자존감을 정립했습니다.
남과 비교하지 않는 나를 창조했습니다.
모든 에너지의 원천 '자존감'을 키웠습니다.
있는 그대로 나를 받아주고, 인정하면서 나를 만들어갔습니다.
그리고 알았지요.
남이 나를 평가하는 것이 내 자존감을 좌우할 수 없다는 진리를.

여러분, 존슨 선생님 기억나지요?
만나는 사람을 그렇게 바라봐줄 때 기적이 일어난다는 사실을.

모든 것은 에너지였습니다.
세상은 하나이기에 모든 것이 나로부터 시작합니다.

둘째 날 오후가 되자 '내면으로 여행'이 시작되었습니다.
나 자신과의 가장 소중한 만남이었습니다.
'3일만 산다면 무엇을 하시겠습니까?'
'어떤 사람으로 기억되고 싶습니까?'
그리고 혼돈스러울 때마다 제자리에 올 수 있는 힘, 정화를 배웠습니다.
'고마워. 미안해. 사랑해. 용서해줘.'

이어 2박 3일 행복여행의 하이라이트 '희로애락'을 경험했습니다.
그 시간을 통과하면서 감정 뒤에 숨겨진 진짜 감정들을 만났습니다.
웃어버렸고, 울어버렸고, 화내버렸고, 또 울어버렸고……
묵은 감정을 흘려보낼 때 나만 나처럼 살 수 있는 것입니다.
사랑하고 용서하며 살 수 있는 것입니다."

이제 수업으로는 '만남으로 성공'만 남겨두고 있었다.
'관계의 기술, 만남으로 성공'은 21세기 가장 중요한 방향이 될 것이다.
기적의 2박 3일 '행복여행 감격수업' 마지막 수업이 진행되었다.

새로운 미래는
관계에 있다

최고의 석학 다니엘 핑크의 책이 소개되었다.
『새로운 미래가 온다』
이제 21세기는 '하이터치 하이콘셉트'의 시대라는 것이다.
직역하면 고감도(高感度)란 뜻으로 인간적인 감성을 말한다.
미래학자 존 나이스비트가 그의 저서 『메가트렌드』에서
하이터치 현상을 소개했는데 고도의 기술이 도입되면 될수록
인간적이고 따뜻함이 유행한다는 것이다.

최근 신문에서도 지금의 시대를 읽을 수 있는 기사가 있었단다.
하늘웃음의 말은 시대의 흐름을 한눈에 볼 수 있어 많은 도움이 되었다.

"스카이(SKY) 의대를 합격한 입학생 중 150명이
의대를 포기하고 공대를 선택했습니다.
중국만 보더라도 고등학교에 문과는 하나이고
나머지가 전부 이과입니다.
이것이 미래의 흐름 하이테크의 시대입니다.
그러면 하이테크를 지향하는 현실에서 가장 필요한 것이 무엇일까요?
휴먼 터치 즉 인간의 감성을 터치하는 직업이
반드시 각광을 받게 될 것입니다.
비록 지금은 빛을 발하지 못하지만
정신세계를 이끌어갈 힘이 필요할 것입니다."

내가 아주 오래전에 책이 얇아서 들춰 본
이어령 교수의 『디지로그』가 생각났다.
'디지털 시대에 떡시루 같은 아날로그가 반드시 필요할 것이다.'
2박 3일 만에 내가 다른 사람이 된 것도 휴먼 터치를 했기 때문이다.
"일본이 똑똑한 대한민국 사람들을
우민화하기 위한 방법이 디지털화였습니다."
하늘웃음은 파격적인 말을 했다.
일본이 우리를 우민화시켰다는 것이다.
그 방법으로 이용한 것이 미국 교육의 도입이었다.
그로 인해 우리는 신기술에는 뛰어날지 몰라도 생각할 힘을 빼앗겼단다.
철학 할 힘, 서로 부딪히며 웃어야 할 힘까지 빼앗긴 것이다.

미국처럼 핵가족화가 되면서 정신적인 힘을 잃어가고 있는 것이다.

하늘웃음은 말한다.
"다시 웃음을 꽃피울 때입니다.
그래야 하이터치 시대에 휴먼 터치를 잃지 않고
균형을 유지할 수 있습니다."
다니엘 핑크가 말하는 새로운 미래에 중요시되는 것에는
여섯 가지가 포함된다.
'디자인, 스토리, 조화, 공감, 놀이, 의미'
좌뇌를 많이 사용하는 시대에 우뇌 역할의 비중이 훨씬 커져갈 것이다.

"그런데 그거 아십니까?"
"뭘요?"
"웃음이 이 여섯 가지를 충족하는 데 가장 빠르다는 것을."
인간관계에도 빼놓을 수 없는 것이 바로 웃음이다.
하늘웃음은 한 전설적인 부자 '송청'을 소개했다.

가난한 의원이 한의사인 송청을 찾아왔다.
"당신도 의사, 나도 의사인데
왜 당신 집에는 손님이 바글바글하고 나는 파리만 날릴까요?"
그때 송청은 허허 웃으면서 대답했다.
"저는 구불약(九不藥)을 팝니다."

"구불약이오? 구불약이라는 것은 금시초문인데? 무슨 약인가요?"

"이 약을 먹으면 아홉 가지를 치료해주지요."

가난한 의원은 바싹 다가앉았다.

"그 약 나에게 팔 수 없소?"

송청은 껄껄껄 웃으면서 이렇게 대답했다.

"그 약은 팔 수 있는 약이 아니오."

바로 그 약은 돈을 주고 살 수 없는 웃음이었기 때문이다.

하지만 웃음은 어떤 약으로도 고칠 수 없는

아홉 가지를 치유한다는 것이다.

불신(不信) : 상대방이 나를 의심하지 않게 해주고

불안(不安) : 나와 상대방에게 불안한 마음을 없애주며

불앙(不怏) : 상대방이 나에게 앙심을 품지 않게 해주고

불구(不句) : 상대방에게 내 마음이 곧다는 사실을 알려주며

불치(不値) : 내가 물건값을 속이지 않음을 믿게 해주고

불의(不倚) : 나와 상대방 사이에 거리감을 없애주며

불충(不衷) : 내가 성의가 없다고 느끼지 않게 해주고

불경(不敬) : 나에게 공경하는 마음이 없다고 느끼지 않게 해주며

불규(不規) : 나의 언행이 원칙에 어긋난다고 느끼지 않도록 해준다.

잘 웃는 것만으로 이성(理性)으로 얻을 수 없는 것들을 얻게 되는 것이다.
잘 웃는 것이 왜 아홉 가지를 충족해주는지 아는가?

웃음은 최고의 조화이자 공감을 끌어낼 수 있기 때문이다.
"상대의 마음을 사로잡는 것이 웃음이기 때문입니다."

하늘웃음은 아내가 증권회사에 근무할 때 이야기를 했다.
30년 전에 무교동에 있는 증권회사에 근무했는데
남들보다 잘하는 것이 인사였단다.
친절하고 인사를 잘하는 것만으로 고객의 마음을 사로잡은 것이다.
하루는 VIP 고객에게서 전화가 왔단다.
"미스 김, 내 도장과 카드 가지고 있지? 비밀번호도 알지?"
"네, 부사장님."
"그럼 3억짜리 수표 한 장 끊어서
롯데호텔 1층 커피숍으로 가져다줄 수 있는가?"

30년 전의 일이니 3억은 지금의 10억보다 큰 액수였다.
"고참 언니들도 많은데 굳이 신입 사원인
미스 김에게 부탁한 이유는 딱 하나입니다.
잘 웃기만 해도 믿을 만한 사람이라는 신뢰감을 주기 때문입니다.
이것이 21세기 하이터치 시대에
가장 필요한 하이콘셉트의 터치입니다."
'디자인, 스토리, 조화, 공감, 놀이, 의미'

하늘웃음은 웃음이 디자인을 창출하는 도구라고 소개했다.

뇌가 즐거우면 창의성, 사회성, 관계성의 뇌를 활성화할 뿐 아니라
알파파의 뇌파를 분비함으로써
훨씬 더 창의력을 끌어낼 수 있기 때문이다.
학자들의 주장에 따르면 웃음에는 다음과 같은 효과들이 있다.

- 웃음은 내적 에너지 자신감, 용기를 북돋워준다.
- 웃음은 정신력, 투지를 강화해준다.
- 웃음은 상대방에게 호감을 주며 대화할 수 있는 통로를 만들어준다.
- 웃음은 긴장감과 공포심을 완화시킨다.
- 웃음은 분노를 몰아내고 적대감과 공격성을 약화시킨다.
- 웃음은 집중력과 기억력을 증진시켜 학습 능력을 향상한다.

이처럼 웃음은 디자인을 만들 수 있는 밑바탕이 되는 것이다.
그 이외에 뭐가 더 필요하랴!
웃음은 최고의 놀이이며,
최고의 행복이자
삶의 의미인데…….

맛이 나는
만남을 가져라

21세기를 살아가는 사람들이 가장 원하는 것은 뭘까?

많은 사람들이 마음을 나눌 수 있는 친구를 원한다.

카톡도 친구들이 교제할 수 있는 방이요,

페북도 나를 알리고자 하는 공간이요,

밴드도 친구들의 공간이다.

이처럼 개별화된 현대인들이 갈망하는 것이 있다면 친구 관계다.

나도 마찬가지로 마음을 나눌 수 있는 친구가 없기에

나를 숨기고 살았는지도 모르고 그토록 외로웠는지도 모른다.

또한 부모와의 관계가 깨어졌기에 그토록 분노가 쌓였는지도 모른다.

며칠 전 내 카톡에 이런 글이 올라왔다.
친구에 대한 아주 따듯한 글이다.
'친구야 나 먼저 간다. 잘 살다가 오너라.'
'그래 잘 가라. 나중에 보자. 나도 곧 따라가마.'

친구가 있기에 아름다운 인생 마무리를 할 수 있는 것이다.
행복의 조건에도 빠질 수 없는 것이 친구 관계다.
그래서 오늘날 우리는 진정한 '만남으로 성공'이 무엇을 말하는지
진지하게 물어야 한단다.

최고의 사상가 에머슨은 말했다.
'성공은 자주 그리고 많이 웃는 것
자신이 한때 이곳에 살았음으로 해서
단 한 사람의 인생이라도
행복해지는 것, 이것이 진정한 성공이다.'

하늘웃음은 이 에머슨의 성공이란 정의가 그리 좋단다.
듣고 보니 앞으로 나의 성공의 기준으로도 삼고 싶다.
누군가에게 웃어줄 수 있었다는 것이
내가 이 땅의 소풍을 끝내는 날 최고의 보람이고 싶다.

이 2박 3일처럼 같이 웃어주고, 같이 울어주고, 같이 격려해주고.

나에게 이처럼 귀하고 행복한 시간은 없을 것이다.
첫째는 좋은 친구들을 만났기 때문이고
둘째는 가장 소중한 나를 만나는 시간이었기 때문이다.
셋째는 앞으로 생길 나의 가정에서
살맛 나는 만남이 있을 것이기 때문이다.
이모의 추천으로 오지 않았다면
나와 똑같은 삶을 내 자식에게 물려주었을지도 모른다.
하늘웃음이 말한 것처럼 만남은 내 인생의 로또인지도 모른다.

하늘웃음이 우리에게 질문했다.
"집에 가면 엄마이신 분?"
3분의 2가 손을 들었다.
"집에 가면 아빠이신 분?"
몇 사람을 빼놓고 3분의 1이 손을 들었다.
"우리 모두는 엄마이고 아빠이고,
미래의 부모가 될 사람들을 키우는 사람들입니다."
그렇다.
나는 노총각이지만 머지않아 부모가 될 사람이다.
"가장 맛이 나야 할 곳은 가정입니다.
눈으로 만나고 미소로 만나십시오.
그러면 마음이 만나지게 될 것입니다.
여러분이 지구별을 떠날 때 잘 살았다고 할 것입니다."

나는 이 말을 마음에 새겼다.

그리고 수첩 맨 앞에 썼다.

'누구를 만나든지 눈으로 만나고 미소로 만나라.'

왜?

그들도 나처럼 소중하니까.

성공의 황금률, Give다

하늘웃음은 성공한 사람을 5천 명 이상 만나보았단다.
그런데 부자가 된 사람들의 특징이 있다는 것이다.
하루는 형처럼 지내는 천억대 부자에게 물었다.
"형님, 부자가 되는 비결이 뭐예요?"
"아주 단순해."
순간 하늘웃음은 귀가 솔깃했단다.
"뭔데요?"
"부자가 되는 비결은 한 가지밖에 없어. 주는 거야."
하늘웃음은 반색하며 물었단다.
"give요?"

"그래, give. 성공은 무조건 주는 거야."
"뭘 줘요?"
그 부자가 빤히 보며 이렇게 말하더란다.
"이 소장은 이미 그것을 하고 있잖아?"
"네?"
"웃어주고 울어주고 위로해주고 사랑해주고 축복해주고……."
하늘웃음은 무릎을 쳤단다.
'줄 수 있는 것이 부를 만들어 내는 황금률이구나!'
심는 대로 거둔다는 의미다.

"이 소장, 부자가 되려면 줘야 해.
지금은 소개한 사람에게 30%를 수수료로 준다네.
1억의 수입이 나면 고맙다며 3천만 원을 주고,
10억 수입이 나면 3억을 주지.
소탐대실하면 안 돼.
나도 처음부터 그랬던 것은 아니라네.
처음에는 공식 수수료 빼고는 한 푼도 안 줬어.
그랬더니 새로운 정보도 없더라고."

"여러분, 주지 않으면 열매도 없습니다.
그분을 만나고서 저는 한국웃음연구소 사명을 작성했습니다.
'한국웃음연구소는 인재를 양성하여 사회에 봉사하고

글로벌 네트워크를 통하여 행복문화를 이뤄간다.'
물론 그것을 악용하여 배신하는 사람도 있습니다.
저는 그때마다 다시 사훈을 읽습니다.
그러면 그들이 나를 이용했다는 생각이 들어 웃음이 번집니다.
그러면 되는 것입니다. 그것이 저의 나갈 방향이기 때문에……."

하늘웃음은 그분의 이야기를 이어갔다.
"이 소장, 30%씩 주니까 어떤 일이 벌어지는 줄 알아?
가장 좋은 정보를 먼저 나에게 알려주더라고."
마음의 부자가 되든 눈에 보이는 부자가 되든
부자 되는 길은 주는 것, give라는 것이다.

순간 나는 의기소침해졌다.
'그래도 나는 줄 것이 없는데…….'
하지만 하늘웃음의 말에 희망이 생겼다.
"여러분, 우리는 그 부자처럼 돈을 줄 수는 없습니다.
하지만 이제 우리는 더 중요한 마음을 줄 수 있는 사람들입니다.
웃어주고, 칭찬해주고, 인정해주고, 격려해주고,
사랑해주고, 울어줄 수 있는 사람들입니다."
조금 전과는 다르게 줄 것이 너무나 많다는 생각이 들었다.
마치 내가 부자같이 느껴졌다.
이것이 풍요의식인가!

"여러분, 우리는 최고를 줄 수 있는 사람들입니다."
"당연하지!"
"돈으로 사람을 살릴 수는 없지만
우리는 마음을 살릴 수 있는 웃음전도사들입니다."
우리 중에 '아니다'라고 말하는 사람은 없었다.
이제 우리는 미소를 줄 수 있고 따듯함을 줄 수 있는
새로운 사람으로 태어난 것이다.
마치 테레사 수녀님처럼.

하루에 다섯 번씩 미소를 지으십시오.
서로서로 미소를 지으십시오.
그것이 반드시 쉽지만은 않습니다.
때때로 나는 나의 자매 수녀들에게조차도
미소 짓기가 어렵다는 것을 압니다.

그러나 그때에는 기도해야 합니다.
평화는 미소에서 시작됩니다.
여러분이 전혀 미소 짓고 싶지 않은 사람에게
하루에 다섯 번씩 미소 지으십시오.
평화를 위해서 그렇게 하십시오.

달라이라마도 이렇게 말했다.

세계 평화에 기여하고 싶다면 만나는 사람마다 웃어줘라.

'give', 준다는 것으로 따뜻한 세상을 만들어갈 수 있다.
2박 3일을 뒤돌아보니 그랬던 것 같다.
짝꿍이었던 수녀님이 웃어주어서 나를 오픈할 수 있었고,
하늘웃음이 등 한번 쓸어주어서 다시 시작할 수 있었다.
새로운 짝들이 칭찬해주고 격려해주어서 함께할 수 있었고,
다른 사람들이 자신을 오픈해주어서 나를 내려놓을 수 있었다.
그러는 사이에 나도 웃어줄 수 있는 사람이 되었던 것이다.

이제 여기서 빨리 나가고 싶다는 생각이 들었다.
왜?
만나는 사람에게 웃어주고 싶어서.

---

give 나와의 약속

What : _____

To whom : _____

How to : _____

웃음친구가 되어주라

'웃음은 내가 줄 수 있는 가장 귀한 선물이다.'
그러나 구축되지 않으면 우리는 다시 원래대로 돌아가려는 습성이 있다.
하늘웃음은 '웃음문화 구축'을 위해
'웃음친구' 후속 프로그램을 제안했다.
웃음친구란 시간을 정해서 전화를 하고
15초 동안 실컷 웃고 끊는 것이다.
"웃음친구입니다. 웃겠습니다. 시작!"
"하하하하하~"
"오늘도 복 많이 받으세요."
이렇게 하는 것이다.

대부분의 사람들은 부정적인 말로 시작해서 부정적인 말로 끝난다.
하지만 웃음친구는 어떤 말을 꺼내기 전에 웃음으로 시작한다.
기분이 좋은 상태에서는 부정적인 말이 나오지 않기 때문이다.
웃음친구들에게 복이 많이 오는 이유이기도 하다.
삶은 입의 열매를 먹고 살기 때문이다.
어떤 사람은 이 웃음친구를 6년째 매일 하고 있고,
어떤 행복여행 기수 중에는 3년째 하고 있는 팀도 있다.
마음이 좋아지니 몸도 좋아지고 하는 일도 잘되는 것이다.

우리는 웃음문화를 구축하기 위해 웃음친구가 될 사람과 앉았다.
남자는 남자끼리, 여자는 여자끼리 앉았다.
성별이 다를 때 부부 싸움 하는 경우가 종종 있기 때문이다.
집에서 생전 안 웃는 사람이 다른 여자랑 아침부터 웃고 있으면
십중팔구 부부 싸움이 일어난다.
"딴 여자에게 잘하지 말고 집에서나 잘해."
뭐니 뭐니 해도 집에서 잘해야 심신이 편하다.

하늘웃음이 한 분을 소개했다.
"세실 님이라는 중년의 여성분이 계십니다.
아침이면 몇 명의 남성들과 웃음친구를 한 지 3년이 되었습니다.
그냥 30초씩 웃고 끝나는 것입니다.
하루는 행복여행을 경험하지 않은 남편이 이렇게 묻더랍니다.

'아니 어떤 놈들하고 아침마다 웃는 거야?'
가정에도 충실한 아내였기 망정이지.

3년을 넘게 웃다 보니 어느 날부터 남편이 옆에서 웃더랍니다.
부산에서 모임이 있었는데 급기야 남편이 따라왔답니다.
시의원, 구청과장, 우체국장 부부, 컨설팅 사장, 학교 선생, 시인 등등
정말 괜찮은 사람들이고,
정말 순수한 사람들임을 확인하자 그러더랍니다.
'여보, 계속 웃음친구 해. 그리고 나도 그 팀에 넣어줘.'
웃음은 33배의 효과를 누립니다."

나에게도 새로운 웃음친구가 생겼다.
'산적 님'과 기업에서 온 친구 '백곰'.
우리는 아침에 출근 전에 전화해서 웃기로 했다.
빨리 아침이 왔으면 좋겠다.
언제부터인가 내 마음이 설레기 시작했다.
출근하기 전에 웃을 것을 생각하니 벌써부터 행복이 밀려온다.

어떤 분은 노부모랑 아침마다 웃음친구를 했단다.
"어머니, 웃으시지요."
처음에는 어머니가 걱정을 하더란다.
"저놈이 나보다 먼저 치매에 걸린 것 아녀?"

몇 달을 하다가 하루는 바쁜 일 때문에 아침에 전화를 못 드렸더니
시골에서 노부모가 전화를 했단다.
"왜 전화 안 하냐? 하루 종일 기다렸는데…… 그런데 말이다.
밥맛도 좋고, 기운이 좋다.
너랑 매일 웃어서 그런가? 이유를 모르겠다."
웃음친구는 건강과 행복과 성공을 줄 수 있는 최고의 선물이다.

하늘웃음은 말한다.
"여러분, 부부가 웃음친구 하면 가장 좋습니다.
한 번 웃고 나면 싸울 일도 없고
비록 싸웠다 할지라도 금방 화해해버립니다.
이처럼 웃음은 가정을 최고의 공동체로 만들어줄 것입니다."
우리는 그리하겠노라고 조동화 시인의 시로 다짐을 했다.

나 하나 꽃 피어 -조동화

나 하나 꽃 피어
풀밭이 달라지겠느냐고
말하지 말아라.

네가 꽃피고 나도 꽃피면
결국 풀밭이 온통

꽃밭이 되는 것 아니겠느냐.

나 하나 물들어
산이 달라지겠느냐고도
말하지 말아라.

내가 물들고 너도 물들면
결국 온 산이 활활 타오르는 것 아니겠느냐.

> **TIP** 웃음친구 하기
>
> With whom(누구와) : _____
> What time(몇 시에) : _____ 웃겠습니다.

06
봉사하며 산다

하루는 사상가 에머슨에게 사촌이 전화를 했단다.
"이보게, 휴가를 떠나야 하는데 근처에 살고 있는 고모가 걱정돼네.
한 달만 고모를 봐줄 수 있겠는가?"
저택에서 혼자 살고 있는 아주머니는
우울증이 심하고 아주 까칠한 노인이었다.

에머슨이 그 집에 찾아가서 보니 저택의 모든 커튼이 내려져 있었다.
에머슨은 우울한 분위기를 걷어버리기 위해 커튼을 열어버렸다.
아주머니에게 다가간 에머슨은 무엇을 좋아하냐고 물었다.
유일하게 좋아하는 것이 있다면 정원에 피어나는 바이올렛꽃뿐.
에머슨은 아주머니에게 물었다.

"교회 갈 때마다 주보 하나 가져다줄 수 있겠어요?"

그 주보를 보고 에머슨은 아주머니에게 말했다.

"병원에 입원해 있는 사람 중에 누가 가장 불쌍해요?"

"이 사람."

"왜요?"

"아주 가난하고 혼자 살아. 찾아가는 사람도 없어."

"그래요? 그럼 아주머니가 꽃다발을 만들 수 있어요. 이 사람을 위해서."

"그거야 어렵지 않지……."

주보를 참고해서 병원 심방을 가게 한 것이다.

평상시 몸이 아파서 움직이지 않던 아주머니는 봉사를 하기 위해

열심히 교회를 가야 했고, 꽃을 키워야 했고,

열심히 찾아가야 했다.

그다음 주에도 에머슨이 물었다.

"이번에는 누구에게 꽃다발을 줄까요?"

"이 사람은 흑인이야. 아주 불쌍해."

어느새 아주머니는 우울증이 사라졌고 아주 바쁜 삶을 살게 되었다.

꽃밭을 가꿔야지, 꽃다발을 만들어야지, 심방 가야지…….

삶의 의미를 찾게 된 것이다.

"여러분 삶을 보람 있게 만드는 방법 중에

가장 강력한 것이 있다면 봉사입니다."

행복여행을 마치고 나면

한국웃음연구소의 여러 봉사 동아리에 들어갈 수 있다.
'브라보 공연단'과 행복을 전하는 사람들 '행전사',
'스마일산악회' 등이다.
환우분들을 돕기 위해 결성된 브라보 공연단은 춤추는 동아리다.
마음 아픈 사람들이 모여서 마음 아픈 사람을 위로하는 것이다.
지난해 한국웃음연구소 송년 모임은 감동적인 무대였다.
팀원 중에 한 분이 희귀병으로 시력을 거의 잃어갔다.
그분을 보고 같은 병으로 완전히 시력을 잃은 한 분이 찾아온 것이다.
그런데 그녀 둘이 부축을 받고 난타 공연을 하기 위해 북 앞에 섰다.
두 사람은 멋진 난타 공연을 마치고 무대에서 내려왔다.
웃을 수 있다는 것은 누구에게 희망이 된다.
웃을 수 있다는 것은 심령이 부유한 사람만이 가능한 일이다.

행복을 전하는 사람들 '행전사'라는 봉사팀도 마찬가지다.
병원을 다니면서 웃음치료를 해준다.
기타 하나 둘러메고 웃어주러 가는 것이다.
때론 환자들에게, 때론 친구가 필요한 어르신들에게,
때론 지친 영혼들에게 웃음을 준다.
하지만 더 행복한 사람들은 바로 '행전사'들이란다.
"웃음봉사 할 때 우리가 더 행복해요."
삶의 보람을 찾기 때문이다.

한국웃음연구소는 15년 동안 '웃음스쿨'을 통해서 웃음을 나눠왔단다.
매달 마지막 주 목요일 밤 7~9시
웃음을 통해 힐링한다.
짧은 시간이지만 돌아가는 그들의 표정은 올 때의 표정이 아니란다.
단지 웃었을 뿐인데…….
삶은 선택인 것이다.

한국웃음연구소는 대한민국 기 살리기 운동을 한다.
'대한민국 모든 사람이 건강하고 행복할 때까지…….'
'대한민국 모든 가정에 웃음꽃이 피어날 때까지…….'
나눔은 끊이지 않을 것이다.

감사해준다

하늘웃음은 15년 동안 웃음치료와 상담을 하다 보니
보람되고 행복한 시간이 많았다고 한다.
하지만 극소수의 사람들 때문에 힘든 시간도 많았단다.
잘해주려고 했던 것이 오해를 사기도 하고,
자기 이익을 위해서라면 수단과 방법을 가리지 않는 사람도 있고,
세상이 삭막해서인지 신경증, 정신증 같은 증상도 많고…….

그래서 순간순간 선택하는 것이 '감사'란다.
어떤 것도 감사할 수 있다면 어떤 것도 사소함에 지나지 않는단다.
하늘웃음이 말했다.
"우리가 기뻐해줄 수 있고, 감사해줄 수 있다면

기적은 날마다 선택입니다."
웃음치료의 세 가지 근간이기도 하다.

첫째, 항상 기뻐하라.
둘째, 범사에 감사하라.
셋째, 쉬지 말고 기도하라.
기쁨은 감사할 수 있는 힘을 제공하고,
감사는 영적인 성숙을 위해 기도할 수 있는 힘을 제공한다는 것이다.

때론 하늘웃음조차도 감사하기가 힘든 일이 있단다.
최근에 이름 모를 한 분에게서 전화가 왔단다.
'얼마 주면 가정집에 강의를 올 수 있냐?'
거만한 태도에 상당히 기분이 나빴지만
우선 묻는 것이 예의인지라 참고 물었단다.
"어디십니까?"
거제에 산다는 것이다.
가정집에 가는 것도 그렇고, 거제에 가는 것도 그렇고
무엇보다 그 주간은 스케줄이 꽉 차 있어서 거절했단다.
그랬더니 상대가 난리가 난 것이다.
"돈 주면 와야 되는 거 아냐? 나도 강사거든.
구멍가게 하면서 배가 불렀나 보지?"
상대는 일방적으로 쏟아붓더니 전화를 끊어버렸다.

열불 나는 것은 상대에게 아무 말도 못했다는 점이다.

남에 의해 감정이 상했지만 그 감정을 유지하는 것은 억울해서
일단 웃어버리고 감사하기로 마음먹었단다.

1. 그래, 이런 사람이 있어 우리가 필요하니 감사.
2. 상대가 화낼 때 같이 휘둘려서 화를 내지 않아서 감사.
3. 좋은 강의 소스, 이야깃거리가 생겼으니 감사.
4. '오죽했으면 그러겠나' 이해 폭이 커지니 감사.
5. '나는 저런 사람이 되지 말아야겠구나!' 알게 되니 감사.

감사는 이처럼 모든 것을 원위치 시키는 능력이 있다.
하루를 살아가면서 감사할 수 있다면 넘지 못할 산이 없다.
그런데 감사는 쉬울 것 같지만 피나는 노력이 동반된다.
그리고 나 자신에게 감사할 수 있다면
내 인생의 처음과 마지막이 이해인 수녀처럼 행복할 수 있으리라.

감사의 행복 – 이해인

내 하루의 처음과 마지막 기도
한 해의 처음과 마지막 기도
그리고 내 생애의 처음과 마지막 기도는
"감사합니다."라는 말이 되도록
감사를 하나의 숨결 같은 노래로 부르고 싶습니다.

감사하면 아름다우리라.
감사하면 행복하리라.
감사하면 따뜻하리라.
감사하면 웃게 되리라.
감사하기 힘들 적에도 주문을 외우듯이
시를 읊듯이 항상 이렇게 노래해봅니다.

TIP 오늘의 감사일기

1. _____
2. _____
3. _____
4. _____
5. _____

격려해준다

기적의 2박 3일 힐링캠프 '행복여행 감격수업'.
감사와 격려는 지속적으로 이뤄져야 한다.
아이들을 데리고 산책하다 보면
아무것도 아닌 일에 아이들은 감탄한다.
아이들의 인생이 황홀한 이유이기도 하다.

하루는 하늘웃음이 아들을 데리고 산책을 했단다.
갑자기 아들이 소리를 쳤다.
"아빠, 이리 와봐."
큰일인가 싶어 달려갔다.
"아빠, 벌레 봐."

"에이, 아무것도 아니네."
그 소리를 들은 아들이 화를 냈단다.
"아무것도 아닌 게 아니라고. 벌레라고!"
아이들에게는 아무것도 아닌 것이 아니라 모든 것이 신비인 것이다.
아이들은 모든 것을 처음 본 듯 바라본다.
그런데 어른은 처음 본 것도 어디서 본 듯 밋밋하다.

나도 그런 경험이 있는 것 같다.
지난여름 친구와 친구 아들을 뒷좌석에 태우고 강화도를 가는 중이었다.
한강을 지나는데 친구 아들이 소리를 질렀다.
"아빠, 아빠! 저것 봐."
"뭘?"
"저거저거, 우와~."
다름 아닌 분수였다.
"분수네?"
대수롭지 않게 말하자 그 아이가 삐쳤다.
황홀한 삶과 무미건조한 삶
감격이 빠졌기 때문이다.

"여러분, 감격이 사라지면 늙기 시작합니다.
삶이 무미건조하지 않으려면 아이처럼 호기심을 가지십시오.
그리고 처음 본 듯 웃고, 처음 본 듯 감격해야 합니다."

우리는 옆 사람을 처음 본 듯 바라보며 감격했다.
"당신을 보니 살맛이 나네요. 하 하하 하하하하~"

마지막 시간, 마지막 순서로 자격증이 수여되었다.
웃음치료사로 새롭게 태어나는 한 사람 한 사람에게
최고의 감탄을 보냈다.
"이제 한 사람 한 사람 웃음치료사 자격증이 수여될 것입니다.
가정을 바꾸고, 문화를 바꾸고, 나라를 바꿀 사람들입니다.
최고로 격려해주십시오.
마치 나인 것처럼."
한 사람 한 사람 이름이 호명될 때마다 진심으로 축하해주었다.
"위 사람 ○○○는 밝은 문화를 만들어갈 자질과 의식을 가졌기에
웃음 전문가로서 이 자격증을 수여합니다.
한국웃음연구소 이요셉 드림."

나만 나처럼 살아갈 수 있는 사람들이기도 했지만,
이 나라의 밝은 문화에 기여할 사람들이기에 온몸으로 환호해주었다.

나는 '웃음 전문가' 자격증을 받아 가슴에 안았다.
그리고 2박 3일 여정을 마치고 토요일 3시
행복여행 전세 버스에 몸을 실었다.

너무나 색다른 행복한 세상이었다.
하지만 앞으로 이것이 나의 세상이 될 것이다.
내 가슴은 37년 만에 설레고 있었다.
좋은 일이 틀림없이 일어날 것이다.

그 후로 해피바이러스는 끼 있는 사람이 되어
개인의 자신감과 자존감을 살리는 강사가 되었고,
가정을 화목하게 하는 다리가 되었습니다.
해피바이러스는 청소년 인성캠프를 진행하는
인기 강사의 삶을 살고 있습니다.
내가 나를 정확하게 볼 수 있다면 세상은 나로 인해 깨어납니다.
'나만 나처럼 살 수 있다.'
당신을 초대합니다.

CEO를 위한 경영철학 도서

세상을 바꾸는 사람들
퍼플피플 2.0

당신은 세상에 무엇을 남길 것인가?

일을 시작하기 전부터 가슴이 설레는 사람들, 일하는 동안에는 열정을 쏟을 수 있어 행복한 사람들, 자신이 좋아서 하는 일로 남들에게 기쁨을 나눠줄 수 있는 사람들…. 이들을 우리는 '퍼플피플'이라 부른다. 김영세 회장의 삶의 철학과 경험, 그의 디자인 작품들이 이 세상 젊은이들과 신세대 창업자들에게 '무'에서 '유'를 창조하고 '유'에서 '부'를 창조해 나눌 수 있다는 열정과 모티베이션이 되기를 기대한다. 당신 인생보다 더 오래 지속될 수 있는 무언가를 세상에 남길 수 있다면 인생을 훌륭하게 산 것이다. 비틀스는 우리가 여전히 즐기는 음악을 남겼고, 피카소는 그림을, 스티브 잡스는 애플을 남겼다. 당신은 무엇을 남길 것인가?

김영세 지음 | 284쪽 | 국배판 변형 | 값 22,000원

슈퍼 창업자들

이전에 없던 경험을 팔아라!

국내외 대전환기에는 거대한 위협과 함께 거대한 기회도 몰려온다. 어떻게 위협은 피하고 기회는 잡을 것인가. 이제는 이전에 없던 경험을 팔아야 할 때다. 또한 완전히 다르게 보는 창의력을 발휘하여 고양이처럼 유연한 인재를 갖추어야 성공할 수 있다. 이 책은 다양한 사례를 들어 후발 주자가 성장을 구가하고 약자가 승리를 만끽하는 비결을 제시하고 있다. 2개의 PART로 구성되어 각 꼭지에는 비즈니스나 경쟁에서의 혁신, 성경 속의 반전, 그리고 고양이형 인재의 특질에 대해 이야기한다. 이 책을 숙독하면 남다른 성과를 창출하게 하는 차별화 프로세스를 발굴해낼 수 있을 것이다.

김종춘 지음 | 364쪽 | 신국판 | 값 18,000원

손정의 참모

리더는 어떤 정신으로 기업을 이끌어야 하는가!

'풋내기 벤처 소프트뱅크'를 졸업하고 영업이익 1조 엔을 달성하며 '어른스러운 소프트뱅크'가 되기까지, 8년이 넘는 3,000일 동안 손정의 회장을 보좌했던 기록을 담았다. 현재의 소프트뱅크가 있기까지 손정의의 기업가정신과 리더십을 깊이 있게 다루어 '300년 존속 기업'으로 키우겠다는 손 회장의 야망과 결단력을 살펴볼 수 있다. 손정의 회장의 최측근인 비서실장이 옆에서 직접 경험하고 소통하고 실현했던 모습을 담았기에 더욱더 손정의 회장의 진면모를 느낄 수 있다. 리더를 꿈꾸는 독자들에게 손정의 회장의 메시지를 전하여 조직의 미래를 내다보고 강한 결의로 사람을 이끄는 글로벌 리더가 되기를 기원한다.

시마 사토시 지음 | 정문주 옮김 | 468쪽 | 신국판 | 값 20,000원

결핍이 만든 성공

결핍을 극복한 세이펜 김철회 대표의 기업가정신

인생의 반전 드라마는 남보다 특별한 능력을 가지고 있는 사람이 만들어내는 게 아니다. 희망보단 절망과 좌절로 가득 찬 삶을 살았던 세이펜 김철회 대표는 부도가 나서 감옥까지 가게 되는 엄청난 실패 속에서도 남들보다 훨씬 더 많이 노력해야 한다는 절실한 마음가짐으로 주어진 역경을 극복했다. 세이펜을 개발해 커다란 성공을 이룬 후에는 자기 자신뿐만 아니라 주변 사람들과 성공을 나누고 기부하는 '나눔'을 실천하고 있다. 오늘보다는 내일 더 멋지게 성장하는 사람, 돈 많이 번 사람보다는 멋진 인생을 즐기는 사람, 교육 분야에서 왕성한 사업가로서 생명이 다하는 날까지 끊임없이 움직이며 활동하고 싶은 게 그의 꿈이다.

김철회 지음 | 292쪽 | 신국판 | 값 18,000원

화웨이의 위대한 늑대문화

화웨이의 놀라운 성공신화! 그 중심에 늑대문화가 있다!

지난 20여 년간 화웨이가 성공할 수 있었던 비결은 도대체 무엇일까? 어떻게 해서 계속 성공을 복제할 수 있었을까? 화웨이의 다음 행보는 무엇일까? 화웨이의 68세 상업사상가, 마흔을 넘긴 기업 전략가 10여 명, 2040세대 중심의 중간 관리자, 10여만 명에 달하는 2030세대 고급 엘리트와 지식인이 주축이 된 지식형 대군이 전 세계를 누빈다. 전통적인 기업 관리 이론과 경험은 대부분 비지식형 노동자 관리에서 비롯했다. 이제 인터넷 문화 확산이라는 심각한 도전 앞에서 지식형 노동자의 관리 이론과 방법이 필요하다. 이를 꿰뚫은 런정페이의 기업 관리 철학은 당대 관리학의 발전에 크게 이바지했다.

텐타오, 우춘보 지음 | 이지은 옮김 | 452쪽 | 4×6배판 | 값 20,000원

조선부자 16인의 이야기

역사로 통찰하는 조선시대 부자 비결!

부富를 축적하고 증식하기 위해서는 뚜렷한 목표가 있어야 한다. 돈을 버는 부자는 결코 결심이나 뜻으로 되는 것이 아니라 실행과 노력으로 이루어진다. 또한 부富는 이루기도 어렵지만 지키기는 더 어렵다. 부富가 완성되려면 축적, 증식, 분배의 세 요소가 어우러져 있어야 한다. 이 책에는 뜻을 세우고 실천하는 조선의 부자, 즉 자수성가한 부자들의 삶과 철학을 담았다. 이렇게 소개된 조선시대 부자 16인의 이야기를 바탕으로 옛 선인들의 철학과 삶의 지혜를 본받아 현시대의 부의 철학을 다시 바로잡고, 역사 속 실존 인물들의 이야기를 통해 자신의 삶에 접목한다면 한국판 노블리스 오블리제를 실천할 수 있을 것이다.

이수광 지음 | 400쪽 | 신국판 | 값 18,000원

부의 얼굴, 신용

역사에서 통찰하는 선인들의 성공 비결, 신용 처세술!

무형의 재산으로 유형의 재산을 넘나드는 파급력을 지닌 '신용'. 대대손손 부를 부르는 사람들에게는 남과 다른 신용이 있었다. 역사소설의 대가 이수광 작가가 오랫동안 축적해온 방대한 역사적 지식에 신용을 접목한 이 책은 눈앞의 이익에 눈이 멀어 속임수를 쓰지 말라는 메시지와 함께 책임 있는 언행이 인격의 뿌리가 되어야 한다고 강조하고 있다. 현대를 사는 독자들이 구한말 조선 최고의 부자이자 무역왕으로 군림했던 '최봉준', 한나라의 전주 '무염' 등 역사 속 실존인물들이 신용을 발판으로 성공한 이야기를 가슴에 담고 신용을 생활화함으로써 '인복人福'과 '부富'를 부르는 귀인貴人이 되기를 기원한다.

이수광 지음 | 352쪽 | 신국판 | 값 16,500원

뭐가 다를까 시리즈 도서

돈 버는 사장 못 버는 사장

돈 버는 사장에겐 공통점이 있다!

돈을 못 버는 이유를 불경기 탓으로 돌리지 않았는가? 이윤추구보다는 더불어 사는 사회를 만들기 위해 조금만 벌고 있다고 둘러대진 않았는가? 기업의 목적은 이윤창출이다. 사장은 본인의 회사와 사원들을 위해 돈을 많이 벌 수 있는 시스템을 만들어야 한다. 이 책은 돈 버는 사장이 될 수 있는 습관을 총 6장으로 분류하고, 돈 버는 사장과 못 버는 사장의 특징을 담은 50개의 키워드로 정리하였다. 현재 자신의 실수나 오류를 스스로 점검하고 돈 버는 사장으로 변화할 수 있는 방법을 일러스트 포함한 구성으로 보다 쉽게 이해할 수 있도록 명쾌하게 제시한다.

우에노 미쓰오 지음 | 정지영 옮김 | 김광열 감수 | 260쪽 | 신국판 | 값 17,000원

뭐가 다를까 시리즈 도서

**유능한 상사
무능한 상사**

유능한 상사와 무능한 상사의 차이는 무엇일까?

회사생활을 하다보면 누구나 자신의 위치에 맞게 행동해야 한다. 신입의 위치에 있던 사람이 회사생활을 하다보면 누구의 상사가 되기도 하고, 회사를 이끄는 리더가 되기도 하기 때문이다. 그러나 상사가 되면 아래 직원의 입장에서 보고 듣고 알고 있던 것과 실제로 커다란 격차가 있음을 알게된다. 유능한 상사가 되려는 사람은 상사로서의 의사결정 방법, 매니지먼트 공부 방법 등을 익히고 지혜를 얻어야 한다. 현재 회사를 리드하는 대표님들과 임원들, 그리고 중간 관리자들, 앞으로 리더가 되어 그 길을 나아가고자 하는 모든 분들께 이 책이 주는 7가지의 메시지는 유능한 리더로 성장하는 데 도움이 될 것이다.

무로이 도시오 지음 | 정지영 옮김 | 이혜숙 감수 | 260쪽 | 신국판 | 값 17,000원

대한민국 기업/병의원을 위한 컨설팅 도서

**정인택의
법인 컨설팅십**

자신에게 투자하고, 자신이 만나는 고객에게 투자해야 한다!

ING생명 정인택 명예상무는 법인컨설팅 현장에서 ING생명 5년 연속 FC 챔피언을 수상하도록 해준 남다른 컨설팅 전략을 직접 수많은 기업인에게 전파했으며 현장에서 경험한 다양한 사례를 토대로 100년 이상 장수기업으로 기업을 승계하기 위한 솔루션을 제공하기 위해 노력해 왔다. 이 책은 영업현장에서 기업 전문 FC가 되고자 하는 수많은 보험업계 동료 FC들에게 고객관리와 인맥관리를 통해 어떻게 높은 성과를 창출해 내는 지를 저자의 생생한 경험담을 통해 담아내고 있다. 대한민국의 모든 파이낸셜 컨설턴트가 단순한 보험상품 판매가 아닌 진정한 CEO 컨설팅을 통해 중소·중견기업의 동반자가 되어주기를 기대한다.

정인택 지음 | 296쪽 | 신국판 | 값 17,500원

**대한민국 CEO를 위한
법인 컨설팅 1, 2**

CEO가 꼭 알아야 할 법인 컨설팅의 모든 것!

10년 가까이 현장에서 배우고 쌓은 저자의 노하우를 더 많은 고객들과 공유함으로써 그들의 고민을 해결하기 위해 출간되었다. 2권으로 나누어진 이 책의 1권에는 기본 이론과 내용들이, 그리고 2권에는 구체적인 실행전략과 아이디어들이 담겨 있다. 증여, 지분 이전, 부동산 및 금융자산의 운용, 명의신탁, 가업승계, 인사노무관리 등 풍부한 현장 경험 사례를 통해 구체적인 전략을 제시함으로써 이제는 CEO들이 제대로 평가받고, 제대로 된 기업으로 성장시켜 지속기업으로 발전할 수 있도록 지원하고자 한다. 기업이 성장함에 따라 겪게 될 문제들을 미리 알고 철저히 대비한다면 세금 폭탄 같은 날벼락은 피해 갈 수 있을 것이다.

김종완 지음 | 1권 288쪽·2권 376쪽 | 신국판 | 각 권 20,000원

**대한민국 창업자를 위한
외식업 컨설팅**

글로벌다이닝그룹 이준혁 대표의 외식 창업의 모든 것!

삼성, 현대 등 대기업 외식사업팀을 이끌었고, 300여 점포 이상을 경영, 기획하며 30여 년간 오직 외식업 한길만 걸어온 저자는 외식업에 뛰어들어 좌절하는 창업자들의 고통에 함께 공감하고 조금이나마 구제하고 싶은 심정으로 《대한민국 창업자를 위한 외식업 컨설팅》을 집필하였다. 이 책은 창업 준비부터 업종, 입지 선정, 인테리어, 마케팅, 종업원 관리, 상품 관리까지 창업 노하우와 반드시 알아야 할 정보를 구체적으로 다루고 있다. 또한 저자가 직접 컨설팅했던 업체의 실전 사례들과 문제점과 해결방안도 제시하였다. 한방에 성공하려는 대박식당을 창출하기보다 폐업의 리스크를 줄이는 데 초점을 맞추었다.

이준혁 지음 | 268쪽 | 신국판 | 값 18,000원

기업가치를 높이는 재무관리

기업의 가치와 신용평가는 재무관리에서 비롯된다!

정보화 사회로 변화해가면서 신용사회라고 할 만큼 신용평가에 관한 관심이 점차 커지고 있다. 국가 신용등급의 등락이 그 나라의 채권가격뿐만 아니라 경제에도 많은 영향을 미치고, 기업에 대한 신용평가는 기업의 여신 규모와 금리에 영향을 주기 때문이다. 이 책은 산업현장에서 CEO와 자금담당 임원, 직원들이 경영활동을 하면서 겪게 되는 재무관리와 관련된 애로사항이나 궁금한 점을 다양한 사례를 바탕으로 쉽게 풀어놓았다. 또한 기업경영에 실질적으로 접목할 수 있도록 기업의 가치를 극대화하고 안정적인 성장기반을 갖춘 강한 기업으로 거듭날 수 있도록 스토리를 전개하였다.

이진욱 지음 | 416쪽 | 4×6배판 | 값 25,000원

병의원 만점세무

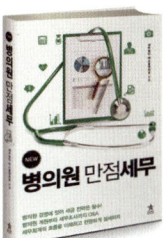

병의원의 성공은 세무 회계에 달려 있다!

병의원을 운영하는 대부분의 경영자들은 다른 부분은 비교적 철저하게 관리하면서도 의외로 세금 문제에 부딪히게 되면 어려움을 겪는다. 이 책은 병의원 경영자들의 세무 관련 고민을 조금이라도 덜어주고자 병의원 컨설팅 전문 세무법인 택스홈앤아웃의 전문적인 컨설팅 노하우를 담고 있다. 개원 준비부터 세무 조사, 세테크에 이르기까지 병의원 운영에 필요한 전반의 세무 문제를 다루고 있으며, 각 챕터마다 합리적인 세무 관리를 위해서 경영자는 어떻게 대처해야 하는지를 병의원의 사례를 들어 자세히 설명하고 있다. 또한 해당 사례를 일러스트로 표현하여 좀 더 쉽게 이해할 수 있도록 했다.

세무법인 택스홈앤아웃 지음 | 404쪽 | 신국판 | 값 20,000원

상속·증여 만점세무

소중한 자산의 대물림, 합법적으로 절세하고 현명하게 대비하자!

상속세와 증여세는 어느 정도 재산이 있는 사람이라면 누구나 해당되는 세금으로서 우리 생활과 밀접하게 관련되어 있다. 그리고 수익이나 소득이 아닌 재산 가치를 기준으로 세금을 부과하기 때문에 세금에 대한 부담감이 높아서 납세자뿐만 아니라 예비납세자의 관심과 문의가 많은 세금이다. 이 책은 평상시에 세금과 별로 관계없이 지내는 보통 사람들도 한 번쯤은 겪게 되는 사례들을 모았다. 또한 상속·증여와 관련된 세금에 의문이 있거나 세금 문제에 대비하고자 하는 예비납세자에게 유용한 길잡이로 활용되고, 나아가 상속세와 증여세에 대한 인식을 새롭게 하고 정확하고 합리적으로 납세하는 데 도움이 되고자 집필되었다.

세무법인 택스홈앤아웃 지음 | 420쪽 | 신국판 | 값 22,000원

대한민국 국민을 위한 인생 컨설팅 도서

오늘이 기회다

내 생애 가장 젊은 날 '오늘이 기회다'

적당히 살거나 대충 살기에는 우리의 삶이 너무 짧고 아깝다. 세상이 변하길 원하고 상대가 변하길 바라기 전에, 나의 부족함을 냉정하게 파악하고, 남이 아닌 나를 변화시켜야 발전할 수 있다. 남과 다른 나만의 진정한 가치가 생기고, 비로소 남이 아닌 자신과 싸울 수 있는 힘이 생기기 때문이다. 과거의 내가 새로운 나를 탄생시키는 데 걸림돌이 되지 않도록 항상 과거의 나를 버리고, 새로운 모습으로 거듭날 수 있도록 노력해야 한다. 자신의 꿈을 이루어 성공하고 싶은 사람들과 리더의 자질을 갖추고자 하는 사람들에게 세이펜 김철회 대표의 실천철학을 삶에 적용하여 성공의 길로 향하는 데 도움이 되기를 희망한다.

김철회 지음 | 276쪽 | 신국판 | 값 16,000원

대한민국 국민을 위한 인생 컨설팅 도서

킬링 리더 vs 힐링 리더

당신은 킬링 리더인가 힐링 리더인가?

저자는 기업에서 리더십과 관련해 많은 강의를 하면서 다양한 리더들과 만났다. 그런데 과거의 패러다임에 얽매여 조직을 위험에 빠뜨리면서도 정작 자신은 그 심각성을 인지하지 못하고 있는 킬링 리더들을 많이 보았다. 이 책에는 리더를 크게 '킬링 리더'와 '힐링 리더'의 두 가지로 구분하고 스스로 힐링을 경험하여 리더에 이르는 '셀프 힐링', 최강의 팀으로 거듭나기 위한 '팀 힐링', 위대한 기업을 구현하게 만드는 '컬처 힐링' 등을 소개하고 있다. 또한, 다양한 사례를 통해 조직과 공동체의 발전을 위해 헌신하고 있는 리더들에게 현장에서 쉽게 이해하고 바로 적용할 수 있도록 방법을 제시하고 있다.

송수용 지음 | 284쪽 | 신국판 | 값 17,000원

백인천의 노력자애

한국 프로야구의 전설, 백인천의 리더십

한국 프로야구 불멸의 타율 4할, 백인천의 인생철학과 그가 새겨놓은 프로야구의 역사를 책 한 권에 담았다. 반평생을 오직 야구 인생으로 살아온 백인천의 발자취를 돌아보면서 야구와 건강 두 마리 토끼를 쟁취하기 위해 혹독한 훈련을 견뎌 불멸의 4할 타자, 백인천의 이름이 프로야구의 전설로 남아있게 된 것이다. 이 책은 총 10장으로 구성되었으며 백인천 감독이 야구와 같은 인생을 살았듯 이 책의 콘셉트 역시 야구 경기처럼 1회 초부터 9회 말과 연장전 그리고 하이라이트 순으로 이어진다. 야구 프로에서 건강 프로가 되기까지 백인천 감독의 인생을 통해 독자 여러분도 인생의 진정한 프로로 거듭나기를 희망한다.

백인천 지음 | 388쪽 | 신국판 | 값 20,000원

논어로 리드하라

여성 리더로 성공을 꿈꾼다면 지금 당장 《논어》를 펼쳐라!

현대는 강하고 수직적인 남성적 리더십보다 감성적이고 관계지향적인 여성적 리더십을 요구하는 사회로 변화하고 있다. 이러한 변화를 입증하기라도 하듯 한국에서는 사상 최초로 여성 대통령이 탄생했다. 국제적으로는 미국 국무부장관 힐러리 클린턴, 세계적으로 영향력 있는 여성 방송인 오프라 윈프리, 독일의 메르켈 총리 등 수많은 여성 리더들이 있다. 따뜻한 리더십으로 무장한 여성 지도자들의 공통점은 인생에서 중요한 가치를 깨닫고 더 나은 자신이 되기 위해 철학책과 고전을 많이 읽으면서 내면을 수양했다는 것이다. 쉽게 풀어 쓴 논어를 가까이하여 더 많은 여성이 우리나라뿐 아니라 세계를 리드하기 바란다.

저우광위 지음 | 송은진 옮김 | 344쪽 | 신국판 | 값 18,000원

어둠의 딸, 태양 앞에 서다

초라한 들러리였던 삶을 행복한 주인공의 삶으로!

세계적인 베스트셀러 《시크릿》의 주인공 밥 프록터의 유일한 한국인 제자인 조성희의 첫 번째 에세이집. 스스로 어둠의 딸이었다고 할 정도로 어려운 환경에서 마인드 교육을 통해 변화한 저자의 진솔한 이야기가 담겨 있다. '어둠'을 '얻음'으로 역전시키는 그녀만의 마인드 파워는 고뇌에 찬 결단과 과감한 도전정신으로 만들어낸 선물이다. 누구나 생각하는 대로 인생을 멋지게 살 수 있다. 어떻게 목표를 세우고, 어떤 생각을 하고, 무슨 꿈을 꾸느냐에 따라 인생은 달라진다. 꿈이 없어 짙은 어둠의 터널 속에서 절망을 먹고사는 사람들뿐만 아니라 심장이 뛰는 새로운 돌파구를 찾으려는 모든 사람에게 중독될 수밖에 없는 필독서다.

조성희 지음 | 404쪽 | 신국판 | 값 18,900원

나만 나처럼 살 수 있다

이제 나는 말한다, '나만 나처럼 살 수 있다'고

이제 나는 말한다, '나만 나처럼 살 수 있다'고 누구나 살면서 두 번, 세 번, 아니 수도 없이 쓰러진다. 이때 가장 필요한 것은 다시 일어설 수 있는 힘이 다. 그런데 안타까운 것은 많은 사람들이 이 힘을 보지 못한다는 점이다. 털어버릴 힘, 자신감, 자존감, 긍정적 가치관, 공동체를 지향하는 신념, 자아 정체성, 나를 조절할 수 있는 힘, 타인과의 소통이 세상을 살아가는 힘이다. 세상의 기준으로 보면 내세울 것 없는 사람이라도 '내 안의 행복'을 찾으면 비로소 나는 나 답게 살 수 있다. 이 한 권의 책이 누군가에게 꼭 필요한 지침서가 되고, 영혼까지 깊이 웃게 해주는 삶의 돌파구가 되기를 희망한다.

이요셉 · 김채송화 지음 | 372쪽 | 신국판 | 값 18,000원

황태옥의 행복 콘서트 웃어라!

웃음 컨설턴트 황태옥의 행복 메시지, 세상을 향해 웃어라!

웃음 전도사로 유명한 저자가 지난 10년간 웃음으로 어떻게 인생을 다시 살게 되었는지 진솔하게 풀어낸 책이다. 암을 극복하고 웃음과 긍정 에너지로 달라진 그녀의 삶을 보면서 함께 변화를 추구한 주변 사람들의 사례는 물론 10년간의 삶의 흔적이 고스란히 담겨 있다. 독자들이 이 책을 읽고 삶을 업그레이드해 생활 속에서 행복 콘서트의 주인공이 될 수 있는 힘을 얻기를 희망한다. 또한 웃음을 통해 저자를 능가하는 변화된 삶을 살기를 바란다. "한 번 웃으면 한 번 젊어지고 한 번 화내면 한 번 늙는다(一笑一少一怒一老)"는 말이 있듯이 행복지수를 높여 삶을 춤추게 하고 싶다면 바로 지금 세상을 향해 웃어라!

황태옥 지음 | 260쪽 | 신국판 | 값 17,500원

니들이 결혼을 알아?

결혼이라는 바다엔 수영을 배운 후 뛰어들어라!

결혼은 액션이다! 아무런 행동도 하지 않고 막연히 앉아서 행복하길 기다리는 사람들의 결혼은 그 자체로 불행한 일이다. 이 책은 이병준 심리상담학 박사와 그의 아내이자 참행복교육원에서 활동하고 있는 공동 저자 박희진 실장이 상담현장에서 접한 생생한 사례를 토대로 하고 있다. 기혼자들과 결혼 판타지에 빠진 청춘에게 '꼭 해주고 싶은 말'을 읽기 쉬운 스토리 형식으로 담았다. 대부분 경고 수준의 문구지만 결혼식 준비는 철저하게 하면서 결혼준비는 소홀히 하는 이들에게 결혼의 중요성을 일깨워준다. 늘 머리에 '살아? 말아?'를 넣어두고 살아가는 이들에게 '까짓 살아보지 뭐!'라며 툴툴 털고 일어서게 하는 힘을 줄 것이다.

이병준 · 박희진 지음 | 380쪽 | 신국판 | 값 18,000원

미래 인사이트 도서

거대한 기회

창조 지능 리더십을 선사할 '거대한 기회'를 잡아라!

세상이 짧은 시간에 급격하게 변하고 있다. 난공불락의 요새도 없고 절대적 강자도 없다. 이러한 시대에 살아남으려면 유연하게 변화하고 창조해야 한다. 현대의 리더는 변화의 큰 흐름을 읽고 거기서 기회를 포착해야 한다. 불꽃이 아니라 불길을 보아야 하고, 물결이 아니라 물살을 보아야 한다. 이 책은 리더들에게 시대의 흐름을 한눈에 보여주고자 불확실한 미래에 접근하는 방법을 다양하게 제시하고 있다. 남보다 더 넓게 보는 안목을 키우고 패러다임을 자기만의 방식으로 삶과 비즈니스에 접목함으로써 더욱 큰 사회공동체와 인류공동체를 위해 공헌하는 창조의 마스터가 되어보자.

김종춘 지음 | 316쪽 | 신국판 | 값 18,500원

미래 인사이트 도서

잡job아라 미래직업 100

변화 속 거대한 미래직업의 흐름을 주시하라!

미래에는 로봇 혁명을 통해 전혀 새로운 일자리와 노동 시장이 만들어질 전망이다. 인간을 채용하는 대신 새로 개발된 기계를 활용하고 3D 프린팅, 무인차, 무인기, 사물인터넷, 빅데이터 등 시대의 패러다임을 바꿀 기술들이 노동 시장을 뒤흔들 것이다. 이 책은 이러한 문제점에 접근하기 위해 미래 노동 시장과 일자리를 끊임없이 추적한 성과물인 100가지의 미래 유망직업에 대해 서술하고 있다. 건강하고 안전한 미래, 편리하고 스마트한 미래, 상상이 현실이 되는 미래, 지속성이 보장되는 미래 이렇게 총 4챕터로 이루어져 있고 짧은 글들로 짜였지만 미래 노동 시장과 산업 전반에 대한 내용과 통찰력이 압축돼 있다.

곽동훈 · 김지현 · 박승호 · 박희애 · 배진영 지음 | 444쪽 | 신국판 | 값 25,000원

건강/의학 도서

아무도 말해주지 않는 척추이야기

척추 전문의가 들려주는 척추에 대한 허와 실

척추 질환하면 대부분 퇴행성으로 나타나는 노인성 질환을 먼저 떠올리게 되지만, 현대 사회에서는 젊은 층에서도 척추질환 환자가 급증하고 있는 추세이다. 평소 잘못된 자세와 생활습관이 척추질환을 일으키는 원인이기 때문이다. 이 책은 보건복지부 의료기관 인증을 획득한 더조은병원 도은식 원장의 경영철학과 30여 년의 노하우, 그동안 우리가 알고 있던 척추건강에 대한 오해와 진실, 척추건강에 도움이 되는 운동법을 담고 있다. 이 책을 통해 오늘도 환자의 건강을 위해 고민하는 의사들의 노력이 있다는 것을 일깨워주고, 모든 사람들이 올바른 병원 선택으로 누구나 자신의 질환을 정확히 진단받고 치료받을 수 있기를 희망한다.

도은식 지음 | 252쪽 | 신국판 | 값 20,000원

잘못된 치아관리가 내 몸을 망친다

치과의사가 알려주는 치아 상식과 치과 치료의 오해와 진실!

치아는 잠자리에서 일어나는 아침부터 잠자리에 드는 저녁까지 모든 음식을 맛보는 즐거움을 우리에게 선사한다. 오복의 한 가지라 할만큼 치아건강은 인간의 행복에 큰 영향을 미친다. 이 책에서 치과의사인 저자는 일상생활에서 지켜야 할 치아 건강 관리법은 물론 상세한 치아 진료 과정, 치과 진료에서 궁금했던 점을 들려준다. 또한 잘못된 치아관리가 내 몸을 망칠 수 있으므로 제대로 알고 제대로 치료해야 건강한 치아를 간직할 수 있다고 강조한다. 이 책에는 치아전문 일러스트레이터들이 그린 생생한 일러스트를 실어 치료 과정을 쉽게 이해할 수 있도록 했다. 다양한 증상에 어떻게 대처해야 하는지 알려주는 유용한 책이다.

윤종일 지음 | 312쪽 | 4×6배판 | 값 20,000원

굿바이, 스트레스

만성피로 전문클리닉 이동환 원장의 속 시원한 처방전!

대부분의 사람들은 흔히 스트레스라고 하면 부정적인 인식이 앞서 '나쁜 스트레스'만 떠올린다. 많은 현대인들이 과도한 스트레스 때문에 힘들어하고 심한 경우 신체 질병까지 얻게 된다. 하지만 우리가 보편적으로 인식하고 있는 스트레스의 부정적인 이미지와는 달리 적절한 스트레스는 오히려 삶에 동기부여를 해줄 뿐 아니라 자극제가 되기도 한다. 저자는 스트레스를 무조건 줄이라고 하지 않는다. 오히려 스트레스를 적절히 관리해서 성과와 연결하는 방법을 소개한다. 계속되는 스트레스에 매몰되어 헤매는 것이 아니라 긍정적인 마음의 근육을 키워 스트레스를 통해 새로운 에너지를 얻음으로써 성과까지 창출하는 비법을 배워보자.

이동환 지음 | 260쪽 | 4×6배판 | 값 18,000원

취미/기타 도서

그리운 조선 여인
사임당

천재화가 사임당의 예술혼과 불꽃같은 사랑!

신사임당은 현모양처로 널리 알려져 있지만 실제로 그 행적은 자세히 남아 있지 않다. 후대에 전하는 시 몇 편과 글씨 그리고 그림 몇 폭이 전부이다. 율곡 이이의 어머니이자 조선 현모양처의 표상이었던 사임당은 당대 최고의 시인이자 빼어난 화가였다. 아쉽게도 글씨나 그림이 많이 남아 있지 않지만 조선시대 최고의 여류 화가라고 해도 과언이 아닐 만큼 뛰어났다. 이 책은 시와 그림으로 일가를 이룬 조선 여인 사임당의 5백 년 전 흔적을 다루고 있다. 여인으로서의 결혼과 삶, 예술활동 등이 오롯이 담겨져 있다. 대한민국 최고의 팩션 작가 이수광의 글 속에서 자유로운 영혼의 예술가 사임당의 예술혼과 불꽃같은 사랑이 그림처럼 피어난다.

이수광 지음 | 신국판 | 328쪽 | 값 15,000원

매직스윙

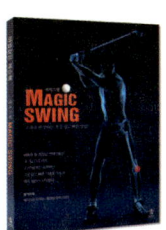

좀처럼 골프가 늘지 않는다면 매직스윙하라!

골프를 즐기는 사람은 많지만 정확한 스윙법을 구사하는 사람은 드물다. 프로든 아마추어든 골프를 시작한 나이, 체형, 성별 등에 따라 스윙법이 각각이지만 각 골퍼들의 스윙 문제는 비슷하기 마련이다. 이런 문제 해결을 위해 이병용 프로가 만든 '매직스윙'은 쉽고 간단하면서 효과도 빨라 수많은 유명 연예인, 기업체 CEO들을 반하게 했다. 이병용 프로는 보다 많은 사람들에게 매직스윙이 담긴 독자적인 레슨 이론을 소개하기 위해 책을 펴냈다. 좀처럼 골프 실력이 늘지 않아 고민 중인 분에게 이 책은 마치 직접 개인레슨을 받는 것과 같은 놀라운 경험을 선사할 것이다. 모두 골프의 매력에 빠질 준비를 해보자.

이병용 지음 | 208쪽 | 국배판 | 값 35,000원

위대한 개츠비

20세기 영미문학 최고의 걸작!

1974년에 이어 2013년 또다시 영화화되어 화제를 불러일으켰던 《위대한 개츠비》는 미국인이 가장 좋아하는 대표적 소설이다. 작품 배경이 되는 시기는 제1차 세계대전 직후, 이른바 '재즈 시대'라고 불리는 1920년대다. 급격한 산업화와 전쟁의 승리로 풍요로워진 시대에 전쟁의 참화를 직간접적으로 경험한 젊은이들의 다양한 삶의 모습을 매우 섬세한 필치로 풀어낸 작품이다. 소설 속 주인공 개츠비는 젊은 시절의 순수한 사랑을 이루려고 자신을 내던진다. 아메리칸 드림을 이룬 그의 머릿속에는 부의 유혹에 넘어간 사랑하는 여인 데이지를 되찾으려는 생각밖에 없다. 그러나 현실은 그의 꿈을 용납하지 않는데….

F. 스콧 피츠제럴드 지음 | 표상우 옮김 | 4×6판 | 316쪽 | 값 12,000원

성과를 지배하는 힘 시리즈 도서

성과를 지배하는
바인더의 힘

남과 다른 성공을 꿈꾼다면 삶을 기록하라!

프로가 되려면 성과가 있어야 하고, 성과를 내려면 프로세스를 강화해야 한다. '시스템'과 '훈련'을 동시에 만족하게 해주는 탁월한 자기관리 시스템 다이어리 3P 바인더의 비밀을 전격 공개한다. 바인더는 훌륭한 개인 시스템이자 조직 시스템이다. 모든 조직원이 바인더를 사용한다면 정보와 노하우를 손쉽게 공유할 수 있다. 바인더와 책, 세미나를 통해 기적 같은 변화를 체험한 많은 사람의 실제 사례를 소개하여 바인더를 좀 더 활용하기 쉽게 만들었다. 저자는 20여 년간 500여 권의 서브바인더를 만들면서 기록관리, 목표관리, 시간관리, 업무관리, 지식관리, 독서경영 등을 실천함으로써 성과를 지배해온 스페셜리스트다.

강규형 지음 | 신국판 | 342쪽 | 값 20,000원

성과를 지배하는 힘 시리즈 도서

성과를 지배하는 스토리 마케팅의 힘

마케팅의 성공 비결은 스토리와 공감이다!

세상이 하루가 다르게 변하고 있고 고객의 마음도 초단위로 바뀌고 있다. 누가 한 분야에서 성공했다 하면 모방하는 이들이 빠르게 나타나 순식간에 시장을 나눠가진다. 우리가 사는 21세기의 현실이 이렇다. 기술이 좋고 제품이 훌륭한데도 매출로 연결하지 못하는 기업들의 결정적인 맹점은 '스토리'가 부족하다는 것이다. 이제는 기술과 제품을 뽐내기만 할 것이 아니라 고객의 마음부터 들여다보아야 한다. 수시로 변하는 고객의 마음을 휘어잡는 열쇠, 마케팅! 그 근간에는 자신만의, 자사만의 스토리가 있어야 한다. 이 책이 전하는 스토리 마케팅을 활용한다면 두꺼운 충성고객층과 함께 꾸준한 성과를 창출할 수 있을 것이다.

조세현 지음 | 360쪽 | 신국판 | 값 20,000원

성과를 지배하는 유통 마케팅의 힘

한 권으로 배우는 대한민국 유통 마케팅의 모든 것!

상품이 만들어져 소비자에게 오기까지는 많은 사람의 수고가 필요하다. 그러나 중간에서 징검다리 역할을 해주는 유통업자가 없다면 이 사회는 제대로 돌아가지 못한다. 소비문화가 제대로 정착되려면 유통 시장을 전체적으로 확실하게 이해하는 사람이 있어야 한다. 이 책에는 저자가 20여 년간 유통업계 현장에서 발로 뛰며 얻은 소중한 경험을 담았다. 다방면에 걸친 유통 영업의 노하우, 유통 마케팅 비법뿐 아니라 유통시장의 전체적인 틀을 제시하였다. 공공기관 입찰에 필요한 나라장터 사용법은 물론 직접 거래해보지 않으면 알 수 없는 유통사별 상품 제안서 사용법까지 다양하게 소개하고 있다.

양승식 지음 | 344쪽 | 4×6배판 | 값 20,000원

가 치 있 는 책 은 세 상 을 빛 나 게 한 다

좋은 책을 만드는 스타리치북스

스타리치북스는 기업 및 병의원 컨설팅 전문 그룹 스타리치 어드바이저의 계열사로 경제·경영, 자기계발, 문학서적 등을 출판하는 종합 출판사입니다.
또한, 기업 경영 및 성과관리에 도움이 되는 전문 강사진을 통하여 CEO포럼 및 기업 교육 프로그램을 제공하고 있습니다.

StarRich Books 서울특별시 강남구 강남대로62길 3 한진빌딩 3~8층 전화 02-2051-8477 팩스 02-578-8470 www.starrich.co.kr

기업과 병·의원의 성장과 연속성을 위한 컨설팅 전문 그룹
스타리치 어드바이져

- 전문가 자문 그룹 플랫폼 제공
- 전자신문 기업성장 지원센터 운영
- 직원 성과 극대화를 위한 교육 프로그램 운영
- 스타리치 어드바이져 Gift Book 서비스
- 조세일보 기업지원센터 운영
- 기업문화 창출을 위한 교육 프로그램 운영
- 스타리치 CEO 기업가정신 플랜
- 김영세의 기업가정신 콘서트 주최

StarRich Advisor / StarRich Books

100년 기업을 위한 CEO의 경영 철학 계승 전략
CEO 기업가 정신 플랜

- 자서전 · 전문서적 · 자기계발서 · 사사 등 -

 문의) 스타리치 어드바이져 & 북스 02) 6969-8903 / starrichbooks@starrich.co.kr

인재를 키워야 회사도 성장합니다
답은 사람입니다!

100년 기업을 향한 건강한 기업문화는 교육에서 비롯됩니다.
스타리치 직원교육 플랜은 기업의 성장과 연속성을 지속시킬 수 있는 밑거름이 될 것입니다.

스타리치 직원교육 플랜 신청문의
신청사이트 : https://www.starrich.co.kr   **담당자** : 스타리치 어드바이저 출판팀
연락처 : 02-6969-8903(8917)   **이메일** : starrichbooks@starrich.co.kr

한국경제TV

김영세의 기업가정신 콘서트

100년 기업으로 향하는 기업가정신!

창업주의 경영 노하우와 철학을 제대로 계승하고
기업의 DNA와 핵심가치를 유지하는 질적 성장의 힘!

주관 | 한국경제TV   주최 | 스타리치 어드바이져
후원 | 조세일보 기업지원센터 · 전자신문 기업성장 지원센터

98.5%가 체험한 내 삶의 작은 기적!

이제 나는 말한다. '나만 나처럼 살 수 있다'고

웃어버리기, 울어버리기, 털어버리기, 함께 소리 지르기,
함께 사랑하기, 그리고 살아가기…

목숨까지 걸던 사소한 일들이
그 용기와 도전 앞에 무릎을 꿇을 것이다.
그로 말미암아 나를 보게 될 것이고 나를 변화시킬 것이다.

이요셉 · 김채송화 지음 | 372쪽 | 신국판 | 값 18,000원

 StarRich Advisor/ StarRich Books

스타리치 패밀리 회원이란?

하나의 아이디로 스타리치에서 운영하는 사이트(스타리치 어드바이져, 스타리치북스, 스타리치몰, 스타리치 잉글리시 등)와의 모든 거래 및 서비스 이용을 편리하고 안전하게 사용할 수 있는 스타리치 통합 회원제 서비스입니다.

스타리치 패밀리 회원 혜택

- 스타리치몰에서 사용 가능한 적립 포인트(도서 정가의 5%) 제공
- 스타리치북스에서 주최하는 북콘서트 사전 초대
- 스타리치북스 신간 도서 메일 서비스 제공
- 스타리치 어드바이져/북스에서 주최하는 포럼 및 세미나 정보 제공
- 스타리치 어드바이져에서 제공하는 재무 관련 정보 제공

스타리치 패밀리 회원 등록 기존 스타리치 패밀리 회원일 경우 등록된 ID를 기재 부탁드립니다.

이름	연락처
주소	생년월일
이메일 주소	구매 도서명 나만 나처럼 살 수 있다
패밀리 회원 ID	소속(회사/학교)

사용하실 패밀리 회원 ID를 적어주시면 임시 비밀번호를 문자로 발송해드립니다.

개인정보 사용 동의서

스타리치 패밀리 홈페이지는 수집한 개인정보를 다음의 목적을 위해 활용합니다. 이용자가 제공한 모든 정보는 하기 목적에 필요한 용도 이외로는 사용되지 않으며, 이용 목적이 변경될 시에는 사전동의를 구할 것입니다.

1) 회원관리
① 회원제 서비스 이용 및 제한적 본인 확인제에 따른 본인확인, 개인 식별
② 불량회원의 부정 이용방지와 비인가 사용방지
③ 가입의사 확인, 가입 및 가입횟수 제한
④ 분쟁 조정을 위한 기록보존, 불만처리 등 민원처리, 고지사항 전달

2) 신규 서비스 개발 및 마케팅·광고에의 활용
① 신규 서비스 개발 및 맞춤 서비스 제공
② 통계학적 특성에 따른 서비스 제공 및 광고 게재, 서비스의 유효성 확인
③ 이벤트 및 광고성 정보 제공 및 참여기회 제공
④ 접속빈도 파악 등에 대한 통계

상위 내용에 동의합니다.

년   월   일   서명_____(인)

스타리치 패밀리 회원 비밀번호 변경은 www.starrichmall.co.kr에서 하실 수 있습니다.
엽서를 보내주시는 분들에 한하여 스타리치몰에서 사용 가능한 포인트(도서 정가의 5%)를 지급해 드립니다.
앞으로 더욱 다양한 혜택을 드리고자 노력하는 스타리치가 되겠습니다. 문의 02-6969-8903 starrichbooks@starrich.co.kr